ÉTUDES SUR LA COMMUNE

LE COLONEL ROSSEL

SA VIE ET SES TRAVAUX. — SON ROLE PENDANT LA GUERRE ET LA COMMUNE. — SON PROCÈS

PAR

E. GERSPACH

PARIS
E. DENTU, LIBRAIRE-ÉDITEUR
PALAIS-ROYAL, 17 ET 19 (GALERIE D'ORLÉANS)

1873

LE

COLONEL ROSSEL

DU MÊME AUTEUR :

Histoire politique et administrative du télégraphe aérien depuis 1793. Un vol. in-8°.

Études sur la Commune, Souvenirs et Récits. Un vol. in-8°. (Sous presse.)

ÉTUDES SUR LA COMMUNE

LE COLONEL ROSSEL

SA VIE ET SES TRAVAUX — SON RÔLE PENDANT LA GUERRE
ET LA COMMUNE — SON PROCÈS

PAR

E. GERSPACH

PARIS
E. DENTU, LIBRAIRE-ÉDITEUR
PALAIS ROYAL, 17 ET 19 (GALERIE D'ORLÉANS)

1873

PRÉFACE

Ce livre n'était d'abord qu'un chapitre d'un ouvrage plus complet sur la Commune.

J'étais à Paris quand Rossel commandait ; je croyais à un entraînement de jeunesse, puis j'ai douté, enfin j'ai été indigné de la grandeur du forfait.

Il m'en coûtait, je l'avoue, de perdre une illusion; alors j'ai creusé plus profond, j'ai cherché et j'ai trouvé, non pas tout, assurément; il est de Rossel des travaux inédits, en revanche il existe à sa charge des faits encore secrets.

Mais l'histoire peut, dès à présent, s'emparer de ce personnage qui a voulu devenir historique : le dossier est assez fort.

C'est à dessein, et pour mettre la preuve en regard de l'opinion, que j'ai multiplié les citations; je les ai transcrites dans leur sens complet et avec impartialité.

L'auteur.

Septembre 1872.

LE

COLONEL ROSSEL

CHAPITRE PREMIER

JEUNESSE ET CARACTÈRE DE ROSSEL.

C'est le sort habituel des fils d'officiers sans fortune de suivre la carrière paternelle, le chemin est tout tracé; il n'y a pas lieu d'en chercher un autre. L. N. Rossel naquit en 1844 à Saint-Brieuc où son père, officier d'infanterie, était en garnison ; par sa naissance, il fut ainsi destiné à l'état militaire qui devait lui être fatal.

La famille Rossel appartient au culte protestant ; elle est d'origine méridionale ; son nom est connu de vieille date dans l'histoire du protestantisme en France. Dès le seizième siècle, un gentilhomme nommé Michel Rossel vivait dans les environs d'Uzès ; un de ses descendants, Jacob Rossel, baron d'Aigaliers, joua un rôle actif dans l'histoire des

Camisards. Deux pasteurs évangéliques du nom de Rossel furent présidents de synodes à Anduze en 1661 et au Vigan en 1681.

Rossel reçut une éducation de famille simple et austère ; il fit ses premières études au collége de Saint-Brieuc, puis à Nîmes, et à l'âge de onze ans, il fut admis le second au Prytanée militaire de la Flèche.

Le jour même de la rentrée des élèves, son caractère se dessine : la classe commence, le professeur annonce une dictée ; au lieu de se disposer à écrire, Rossel se met à genoux sur un banc et fait une prière muette ; à la récréation, il est battu et conspué par ses camarades ; il n'en continue pas moins aux classes suivantes et à la longue il finit par se faire respecter.

Sa précocité d'esprit et sa faculté d'assimilation sont hors ligne ; il est presque toujours le premier dans toutes les compositions ; étant en quatrième, il fait pour un élève de rhétorique une narration française qui est classée première. Il n'obtient cependant pas le prix d'honneur, car il est mal tenu dans ses habits, il a ce qu'on appelle au collége un mauvais caractère, il raisonne constamment, il est en opposition avec les professeurs et les officiers, il veut toujours avoir le dernier mot.

A l'Ecole polytechnique, Rossel ne marque point. Son activité le fait bondir d'un sujet à un autre, il s'occupe de tout au détriment du travail ordonné ;

c'est ce qui explique qu'il n'ait pas eu un meilleur rang de sortie.

Il fait de même à Metz ; il est en relations avec Jean Macé, le promoteur de la ligue de l'enseignement ; il embrasse ardemment l'idée et fait de la propagande pour elle ; les professeurs de l'école d'application le tiennent pour un officier distingué et d'avenir ; ils se trompèrent, non sans doute sur l'étendue de son intelligence, mais sur l'usage qu'il pouvait en faire. Rossel était un homme de science et de travail, il lui manquait deux qualités essentielles à un soldat et à un officier : le sentiment du subordonné et la force dans l'exécution.

Enfin il quitte les écoles, où il souffrait sous le joug, et il entre dans la vie, non pas dans la vie laborieuse et libre du savant, qui certainement l'eût mené à la célébrité, non pas dans la vie de l'artiste, où le talent et l'amour-propre peuvent se développer à l'excès, sans rompre l'équilibre des facultés et sans danger pour les autres, mais dans cette vie militaire noble et grande par l'abnégation constante que le véritable soldat fait non-seulement de sa personne, mais de ses goûts et de sa volonté. Nulle carrière ne convenait moins à cette nature, et ce fut un grand malheur pour Rossel de n'avoir pu en embrasser une autre.

Ambition démesurée, désir insatiable de s'instruire, puissance de travail, mépris pour tout le monde, sauf pour sa famille qu'il aimait profondément, dédain de la camaraderie et de l'amour, austérité de mœurs, pas de besoin d'argent ni de plaisir; telle était sa caractéristique.

L'obéissance le faisait souffrir secrètement, il était jaloux de toutes les supériorités ; un jour, au Salon de peinture de 1870, il regardait le beau tableau de Tony Robert Fleury, la *Prise de Corinthe;* il demanda le nom du peintre, puis son âge ; quand il apprit que c'était un jeune homme, il eut un mouvement de colère : « Allons donc. dit-il, ce n'est pas lui qui a fait ce tableau, c'est son père. »

De sa personne, il était assez grand, maigre, robuste; il avait la tête osseuse, la bouche et le menton solides, les yeux enfoncés, les sourcils en buisson; sa tenue laissait à désirer et n'avait pas la correction militaire.

Son langage était sobre, haché, caustique, incisif, spirituel quand il le voulait, paradoxal pour étonner.

Arrivé au 2e régiment du génie, dont il faisait partie, il fit son service comme ses camarades; en dehors, il lisait beaucoup et travaillait toujours; mais ce n'était pas le travail du savant modeste uniquement occupé de la science; il voulait arriver, se faire connaître et tirer profit de ses études pour son avenir.

Il rédigea plusieurs mémoires sur la construction et la réparation des ponts des chemins de fer en campagne; l'un d'eux obtint un prix de 1000 fr.

au concours ouvert par le ministre de la guerre et le travail fut imprimé. Rossel adressa le volume à l'Empereur et demanda une audience par une lettre au duc de Bassano; il ne reçut pas de réponse; il entreprit alors de nombreuses démarches pour être présenté au souverain ; il vint fréquemment à Paris, fit des visites, notamment à M. Guizot, le priant de lui faciliter l'accès des Tuileries; il n'aboutit à rien et en fut extrêmement contrarié.

Mais ce ne sont pas seulement les sujets mis au concours ou les questions de son arme qui font l'objet de ses études incessantes; il s'impose la longue lecture des écrivains militaires; tous les maîtres du genre lui deviennent familiers; bientôt la lecture ne lui suffit plus, il se lance dans l'analyse et la critique, et le voici dans son élément.

On peut le dire sans crainte d'être démenti, et la suite le prouvera surabondamment, Rossel n'est pas un homme d'action; c'est un rêveur dont l'esprit est actif; quand il ne travaille pas un sujet qu'il s'est imposé, il se plaît à créer dans sa cervelle toujours en mouvement une situation imaginaire, et alors il en raisonne comme d'une réalité. Lorsqu'il s'attache au travail d'un autre, il l'attaque toujours par la critique; il possède cette faculté de juger les hommes et les choses, d'exprimer nettement sa pensée sous une forme agréable; il écrit vite et bien; c'est, en un mot, un critique et un écrivain militaire. C'était là sa vocation véritable, et si l'ambition n'était venue l'aveugler, il eût fait dans cette science une carrière rapide, et certainement se fût élevé à la hauteur des maîtres les plus renommés.

Rossel avait en lui l'étoffe d'un Jomini; il était de taille à briguer les honneurs réservés aux savants, mais d'un autre côté, il n'avait rien de ce qui fait l'administrateur ou le général d'armée.

CHAPITRE II

ARTICLES DE CRITIQUE SUR LA CORRESPONDANCE DE NAPOLÉON Ier.

Il pâlissait sur les auteurs et dévorait ardemment cette étonnante série de la correspondance de Napoléon Ier.

Le trente et unième volume qui venait de paraître, lui donna l'occasion d'une critique qu'il fit publier dans le journal *le Temps*, sous la signature Randall.

Rossel écrivit plusieurs fois sous ce pseudonyme; *le Temps* ne connaissait ni le nom ni la profession de l'auteur, mais insérait volontiers les articles écrits de main de maître ; nous les reproduisons en entier, conformément au plan que nous avons adopté, l'impartialité étant notre règle stricte et rigoureuse.

DEUX PASTICHES DE NAPOLÉON.

« La récente mésaventure de M. Chasles et de ses

autographes a, pendant un moment, appelé l'attention sur les supercheries littéraires. Le fait que nous allons signaler, plus récent encore et plus audacieux, est remarquable surtout par l'entier succès qu'il a obtenu jusqu'ici, et par le nom de l'auteur qu'on a aussi contrefait.

« A la fin du 31e volume de la *Correspondance de Napoléon Ier*, publié, en 1869, à l'Imprimerie impériale, se trouvent deux opuscules intitulés : *Projet d'une nouvelle organisation de l'armée* et *Essai sur la fortification de campagne.* Une note placée en tête de chacun d'eux indique qu'ils sont publiés, non pas d'après un manuscrit original, mais d'après une copie communiquée par M. le général Henri Bertrand.

« Ces ouvrages, tout à fait inédits jusqu'alors, seraient une précieuse trouvaille pour tous ceux qui se préoccupent de l'art de la guerre. Recevoir des leçons du plus grand capitaine des temps modernes, être initié directement à ses maximes et à ses procédés par des traités didactiques, c'est là une bonne fortune exceptionnelle, car Napoléon n'aimait pas à communiquer les secrets de ses victoires, et surtout il lui répugnait particulièrement de donner des maximes précises et générales ; dans sa volumineuse correspondance, il donne parfois à ses lieutenants des encouragements et des réprimandes, jamais de leçons. On peut attribuer cela à son orgueil entier et jaloux ; mais la véritable raison de son silence est l'incertitude où lui-même se serait trouvé pour formuler les principes véritables de son art. Possédant sur tout ce qui concerne la guerre une érudition profonde, qui était le premier fondement de sa supériorité, il savait à quelles variations les principes et les moyens de la science militaire peuvent être exposés en peu d'années, et il se serait gardé de compromettre son nom dans des écrits auxquels le temps et les circonstances seraient venus infliger un prochain démenti. A ses yeux, comme aux yeux de la plupart des grands hommes qui ont compris la guerre, la science militaire est comme la puissance d'Alexandre, qui ne se transmet pas par héritage, mais qui revient naturellement « *au plus digne.* »

« Il y a donc lieu de s'étonner que Napoléon, se faisant professeur une fois dans sa vie, ait consacré les loisirs de son exil à dogmatiser sur des points accessoires de l'art de la guerre ; mais le soin avec lequel est préparée cette publication quasi officielle de la *Correspondance* semble une parfaite garantie d'authenticité, et on peut entreprendre la lecture de ces deux traités avec le respect qui s'attache aux écrits d'un homme extraordinaire, dont le génie a renouvelé la science militaire, la plus compliquée, sinon la plus elevée des sciences sociales.

« Pour peu que l'on connaisse Napoléon, ses entreprises et ses doctrines, on ne peut lire quelques pages de ces traités sans être complétement dérouté et saisi d'étonnement. Tout ce qu'a écrit l Empereur porte une empreinte irrécusable d'énergie, de puissance, de passion. Son style est précis, clair, généralement sobre ; il dit ce qu'il veut dire. Napoléon possède bien la langue, et s'il en viole parfois les règles, c'est pour ne pas alourdir sa phrase de tous les *impedimenta* dont les grammairiens la surchargent. Il est, en particulier, un des créateurs du langage technique de la guerre : et chaque terme a, sous sa plume, un sens précis. Bref, la forme littéraire de ses écrits est loin d'être sans valeur, et est parfaitement appropriée aux questions qu'il traitait.

« C'est d'abord l'absence de ce caractère qu'on remarque dans les deux amplifications dont nous parlons. Ce n'est plus le langage net et ferme d'un militaire, d'un homme d'action, d'un homme d'État ; ce n'est pas la parole un peu déclamatoire d'un fils de la Révolution, ni la phrase brève et à contours arrêtés d'un élève du dix-huitième siècle. C'est, au contraire, une sorte de parler incohérent, filandreux, qui rappellerait de loin (s'il ressemblait à quelque chose de littéraire) les imitateurs maladroits de l'école romantique.

« Un autre symptôme qui peut faire douter de l'authenticité du *Projet d'une nouvelle organisation de l'armée* et de l'*Essai sur la fortification de campagne*, ce sont des préoccupations tout à fait modernes qui n'étaient pas nées du temps de Napoléon. Ainsi, l'auteur parle à plusieurs reprises des armes rayées, qui étaient dans ce temps une exception peu connue, et dont il n'y avait rien à espérer; il a aussi, au sujet de l'emploi des retranchements en terre sur le champ de bataille, des illusions qui se sont produites seulement depuis l'abus que les Américains en ont fait pendant la guerre de la sécession.

« Mais une chose dénonce plus nettement la falsification : Napoléon, qui a organisé lui-même toutes les armées qu'il a mises en œuvre, à l'exception de celle de 1796, avait des idées très-nettes et très-déterminées sur chaque partie de cette organisation. Ces idées ne se sont guere modifiées depuis la création de la Grande-Armée qui vainquit à Austerlitz, jusqu'aux *Notes sur l'ouvrage du général Rogniat*, écrites postérieurement à 1816. Dans l'esprit de l'Empereur, la compagnie d'infanterie, le bataillon, l'escadron sont des unités bien caractérisées dont il connaît avec précision les mesures, la puissance, les limites. S'il paraît s'en écarter dans certains de ses travaux, c'est qu'il y est forcé par des circonstances impérieuses. Dans l'organisation de l'armée de 1813, il projette des escadrons de 270 chevaux, sachant bien que l'escadron doit présenter seulement une centaine de chevaux sur le champ de bataille; mais, à ce moment, ses ressources en chevaux étaient épuisées par la guerre de Russie : les cadres dont il disposait pour réorganiser sa cavalerie étaient insuffisants pour ses projets; et en étendant ses prévisions à une période de plusieurs années, il comptait faire ainsi un meilleur emploi de ses ressources. Notre auteur, enchérissant sur cette idée, fait l'escadron de 400 chevaux, ce qui est contraire aux enseignements de la guerre.

« Pour l'infanterie, son erreur est moindre en apparence, plus grossière en réalité. Il suppose des compagnies d'infanterie de 158 hommes, tandis que celles de Napoléon n'ont jamais dépassé 140 hommes dans ses projets les plus exagérés. Ce chiffre de 140 est en effet tout ce qu'on peut donner à commander à trois officiers, qui forment le cadre d'une compagnie, et réunir sous une seule administration; mais Napoléon n'y a été conduit que par la pénurie d'officiers où il s'est trouvé dans les premières années de l'Empire, et aussi parce que la valeur et l'autorité des sous-officiers depuis la Révolution, et l'excellent esprit de l'armée lui permettaient de confier aux mêmes cadres un plus grand nombre de soldats.

« Ainsi, à mesure qu'on lit ces deux ouvrages, on soupçonne d'abord, puis on acquiert la certitude qu'ils sont une œuvre fabriquée. En poussant plus loin cette curieuse étude, on est émerveillé de l'audace d'un homme qui ose abriter ses plates conceptions du nom du plus grand général moderne, sans avoir d'autre bagage militaire qu'une pacotille d'érudition incohérente et malsaine, l'aplomb de l'ignorance et les vagues notions qu'on peut acquérir en dormant sur les bancs d'une école militaire.

« En étudiant, pour les dénommer, ces misérables pastiches, j'ai recueilli une série de citations qui sont précisément le contrepied de la science militaire, et même du sens commun. En voici quelques-uns seulement qui montrent combien on doit admirer la négligence d'une commission, où il y a sans doute des militaires, et qui, après avoir très-scrupuleusement passé au crible l'énorme correspondance de Napoléon, ose imprimer sous ce nom de semblables absurdités :

« *Le bataillon doit se suffire à lui-même* » (p. 516). C'est là une erreur qui a pris naissance dans notre armée seulement après de nombreuses campagnes en Afrique, où de semblables imprudences sont justifiées par l'incapacité de l'ennemi. Napoléon n'a jamais admis même qu'une division de six à huit mille hommes dût être livrée à elle-même pendant plus d'une heure dans des opérations réglées. Donner à un bataillon de quoi se suffire est une faute et un danger.

« *En campagne, les soldats ne devront sous quelque prétexte que ce soit, ni faire ni consommer de pain ; ils mangeront des galettes cuites sur leurs plaques et de la bouillie; à moins qu'ils ne soient en état d'armistice, en quartiers d'hiver ou en garnison.* » Le malheureux qui a écrit cela mériterait de faire huit lieues par jour, sac au dos, en se nourrissant exclusivement de bouillie, sans qu'il lui fût permis de manger du pain, « sous quelque prétexte que ce fût. » Les armées de 1812 et 1813 ont péri surtout pour avoir manqué de pain, et cependant la principale occupation de Napoléon était de leur en procurer.

« Où l'étrange auteur est particulièrement malheureux, c'est lorsqu'il cherche à enrichir de quelque terme nouveau la nomenclature militaire ; ainsi, par une innovation burlesque, il divise le bataillon en trois ailes, l'aile de droite, l'aile de gauche, et *l'aile du centre* (p. 518). Ailleurs, il introduit dans notre langage technique le mot *turme* (page 539) qui a les défauts d'être inutile et laid. Si Napoléon avait ressuscité quelque terme antique, il aurait choisi un mot sonore et éclatant comme il les aimait. Ailleurs il appelle *tertre* une sorte de gradin en terre, auquel il attribue des propriétés étonnantes, mais qui ne ressemble nullement à ce qu'on appelle tertre. Mais admît-on tout cela, comment croire que Napoléon changeant de langage dans ces deux traités, appelât « *lieutenants généraux* » et « *maréchaux de camp* » (p. 545), les « généraux de division » et « généraux de brigade? » On chercherait en vain ces termes dans les autres œuvres de Napoléon ; s'il emploie quelquefois celui de « lieutenants généraux, » c'est dans un sens tout différent.

« Napoleon était artilleur, et un artilleur remarquable, il attachait une grande importance à l'organisation de l'artillerie, qu'il soignait minutieusement. C'est sur ce point que le pasticheur est le plus timide ; il s'attache à copier servilement des extraits des œuvres authentiques de Napoléon, mais il se trahit cependant. Il appelle *batterie* l'unité d'organisation tactique et administrative de l'artillerie ; c'est le nom consacré aujourd'hui, mais ce terme avait chez l'Empereur une valeur différente. Il appelle batterie, dans l'organisation d'une armée, un groupe quelconque de pièces d'artillerie, si nombreux qu'il soit ; mais quand il veut parler avec précision, il appelle *division* le matériel, et *compagnie* le personnel de ce que nous nommons aujourd'hui une batterie d'artillerie.

« Ce serait une tâche ingrate et rebutante de relever toutes les erreurs de l'ignorant qui a surpris la bonne foi du général Henri Bertrand et de la Commission. Tantôt il s'expose gratuitement au ridicule en compliquant son discours de termes bizarres, il invente le grade de *sous garde* (la *sous-garde* est une pièce de fusil), tantôt il parle de la guerre souterraine (p. 563), en homme qui n'a pas la plus vague connaissance de ce genre d'opérations. Il apporte une attention minutieuse aux détails des convois et des transports ; mais, en revanche, il ne sait pas le premier mot de l'artillerie. Il se préoccupe beaucoup du bien-être des états-majors, mais il nourrit le soldat avec de la bouillie. Il invente des manœuvres d'infanterie d'une désolante complication, mais il ne comprend rien à l'emploi de l'infanterie sur le champ de bataille. Il parle peu de la cavalerie, mais il trouve moyen de montrer qu'il n'en connaît pas l'utilité ; il y a dans ce chapitre de la cavalerie une idée hautement fantaisiste, que je cite en respectant le texte : « Tous les officiers de cavalerie, de quelque grade qu'ils soient, devront être maréchaux, savoir ferrer, et devront ferrer quelquefois. Les inspecteurs feront ferrer devant eux, en présence du corps, les officiers supérieurs. »

« Sur les questions qui concernent le service du génie, il est d'une égale ignorance. Il compose un traité de fortification de campagne, et ne sait pas ce que c'est que la fortification de campagne. Il parle de terrassements en homme qui n'a jamais vu une pelle ni une pioche et fait travailler les hommes « *au milieu des boulets,* » de façon à prouver qu'il ignore aussi quel est l'effet du boulet sur les hommes.

« Il est superflu de s'étendre plus longuement sur cette démonstration. On ne saurait faire endosser à Napoléon la responsabilité de ces œuvres incohérentes, où le Pirée est pris à tout instant pour un homme et où les plus folles idées sont harnachées d'un style ridicule. Resterait à chercher quel peut être le mystificateur qui s'est glissé dans les superbes in-quarto de l'Imprimerie impériale, « publiés par ordre de l'empereur Napoléon III. » Je n'aborderai pas cette question, ayant voulu seulement signaler au bon sens public une fraude audacieuse. J'indiquerai seulement quelques repères qui peuvent seconder les recherches des curieux.

« Les emprunts faits aux œuvres authentiques de Napoléon prouvent que la date des pastiches est postérieure à la publication de ces œuvres; on peut supposer en outre : 1° qu'elle est postérieure à la conquête de l'Algérie, à cause des idées d'indépendance relative des unités tactiques qui y sont préconisées; 2° qu'elle est postérieure à la guerre de la sécession, parce qu'on s'y préoccupe avec excès de « retranchements de champ de bataille; » 3° même cette date doit être postérieure à la campagne des Prussiens en Bohême, car l'auteur admet un extrême morcellement du commandement dans l'infanterie.

« L'auteur n'est pas officier d'artillerie, car il ne connaît pas l'artillerie; il n'est pas officier du génie, car il n'a que de vagues notions sur les terrassements et les retranchements; il n'est pas officier de cavalerie, car il ne parle de la cavalerie qu'avec circonspection; il l'organise mal, et veut la faire combattre à pied. Enfin, on ne peut supposer qu'il soit officier d'infanterie, car les manœuvres d'infanterie qu'il propose dépassent ce qu'on peut rêver d'extravagant.

« Quel pourrait donc être l'auteur? A coup sûr, il n'est pas militaire dans le vrai sens du mot; mais pour ruminer de semblables questions, il faut avoir vecu sous l'uniforme. Or, après avoir écarté l'infanterie, la cavalerie, l'artillerie et le génie, il ne reste guère que l'état-major qui sait *de tout un peu*, et l'intendance, qui a le droit d'ignorer les choses de guerre. Mais toute supposition serait une injustice. La commission, qui a publié ces pastiches, peut seule examiner complétement d'où est provenue son erreur et en indiquer l'origine.

« RANDALL. »

Cet article remarquable et hardi n'eut pas de retentissement.

Paris était alors plongé dans une sorte de renaissance politique; le cabinet du 2 janvier 1870 venait d'être formé et, quelques jours après, l'affaire Victor Noir jetait le trouble dans les esprits.

Cependant le général Bertrand, directement mis en cause, protesta et offrit de prouver la parfaite authenticité des manuscrits communiqués à la commission de la correspondance de Napoléon Ier.

Rossel était en province pour son service; il vint à Paris la semaine suivante et se rendit chez le général Bertrand; en présence du secrétaire de la commission, le général fit passer sous les yeux du capitaine Rossel un grand nombre de pièces et de documents, et une discussion sérieuse s'engagea.

Les deux manuscrits, objets du litige, étaient égarés; on ne put raisonner que sur des copies collationnées par le général en 1858; avant la publication du trente-unième volume, le secrétaire de la commission avait été frappé de quelques idées relativement modernes contenues dans ces écrits et comme, en outre, il n'avait entre les mains que de simples copies, il eut quelques scrupules et en référa au maréchal Vaillant, au général Roguet et à d'autres personnes compétentes. Ces officiers n'eurent pas tous la même opinion ; néanmoins la publication eut lieu, la commission ayant admis l'authenticité incontestable d'une collection provenant de Sainte-Helène dont les manuscrits en question faisaient partie.

Le général Bertrand et Rossel persistèrent chacun dans sa conviction, de graves événements survinrent et l'affaire ne fut pas traitée plus à fond.

On savait au ministère de la guerre que le capitaine Rossel écrivait sous le pseudonyme de Randall; cela n'empêcha pas le jeune et ardent écrivain de publier dans le *Temps* une appréciation sur la façon dont avait été mené l'ensemble du travail de la commission de la correspondance de Napoléon Ier. Il le fit avec indépendance et sans ménager ses critiques ; en passant il revient sur le « Projet d'organisation de l'armée, » et le « Traité de fortification de campagne » et rend hommage à la bonne foi du général Bertrand.

Le 23 mars 1870 il écrivit :

« La commission de la correspondance de Napoléon Ier vient de prononcer son *exegi monumentum*, dans un rapport adressé à l'empereur sur l'ensemble de son travail. Ce rapport constate que rien de réellement important n'a été omis ; seulement un grand nombre de lettres ont été écartées comme répétant des ordres déjà donnés ou ayant une importance secondaire.

« Cet aveu est incomplet : le fait est que le nombre de lettres omises est aussi considérable que celui des lettres publiées, et que parmi les premières se trouvent des pièces d'un intérêt réel. La commission a faussé la nature de son mandat, qui consistait à « recueillir, coordonner et publier » la correspondance de Napoléon. Au lieu de se borner à la critique matérielle du texte de chaque lettre et aux constatations d'authenticité et de date, ce qui constituait déja une lourde responsabilité, elle s'est constituée juge de l'importance des documents et a pris sur elle d'éliminer tous ceux qui lui semblaient inutiles. En fait, elle a eu la main assez malheureuse dans ce travail d'élimination : nous en citerons deux exemples caractéristiques.

« Le premier est relatif à la campagne de 1805. La première période de cette campagne, de Boulogne à Ulm, est une opération de stratégie d'une étonnante précision, qui devrait être exactement retracée dans les ordres de l'empereur : or, cette campagne est inextricable dans la correspondance. On y trouve reproduits des ordres dont le changement de circonstances a empêché l'exécution; mais les ordres réels ne s'y trouvent pas, la commission ayant jugé sans doute qu'ils répétaient des ordres déjà indiqués et « conséquemment », comme dit le rapport, faisaient double emploi. Le « conséquemment » n'est rien moins que vrai. Un ordre de marche renouvelé et changé de date ne fait nullement double emploi avec l'ordre précédemment donné, surtout dans les opérations aussi actives et aussi précises que celles dont nous parlons. Les mêmes lacunes se trouvent à différents degrés pour toutes les campagnes ; et l'aveu dépouillé d'artifice de la commission explique seule l'incohérence apparente que laisse régner la correspondance dans certaines opérations de guerre qui furent des miracles d'ordre et de science.

« Le second exemple est relatif aux affaires religieuses qui ont joué un si grand rôle dans l'histoire de Napoléon. L'important ouvrage de M. d'Haussonville, l'*Église romaine et le premier empire*, est rempli de lettres de Napoléon, lettres importantes et caractéristiques, qui ne sont pas dans la correspondance Ce fait et d'autres analogues ont donné lieu à un grave reproche, formulé assez haut et assez nettement pour qu'il nous soit permis de le reproduire sans nous charger de le discuter. On a pu reprocher à cette publication, à demi officielle, de n'être pas une œuvre de bonne foi.

« Pour ce qui concerne les écrits de Napoléon à Sainte-Hélène, annexés à la correspondance, la commission s'étend avec complaisance sur la parfaite authenticité de ceux qu'elle a publiés. Nous avons établi cependant dans le *Temps* du 10 janvier que le « Projet d'organisation de l'armée » et le « Traité de fortification de campagne » insérés au tome XXXI, semblent être des pastiches aussi faibles de style que d'idées. La commission a connu cette critique et elle y répond en se félicitant du bonheur qui lui est échu « de se procurer de ces manuscrits qui font foi devant la postérité. » Ce jugement bénévole ne sera guère approuvé : les manuscrits qui ont servi à la publication des ouvrages signalés comme pastiches sont des copies récentes, et n'ont en leur faveur que la grande et parfaite bonne foi de leur possesseur, M. le général Bertrand.

« Enfin la commission explique pourquoi elle renonce à joindre à son œuvre une table des matières. Elle abandonne cette tâche à « quelque esprit intelligent » et elle a raison, car la table, pour être complète, devra indiquer les lacunes de la publication et les moyens de les combler.

« Malgré ces défauts et ces erreurs, la *Correspondance de Napoléon Ier* est le document le plus considérable et le plus saisissant qu'on puisse consulter sur l'histoire du premier empire. Elle reçoit de la brutale incohérence de l'ordre chronologique une couleur dramatique qui transporte le lecteur au milieu des événements et le rend témoin des résolutions, des incertitudes, des réticences ou des colères du gigantesque héros de cette épopée. On doit une reconnaissance véritable à ceux qui ont eu l'idée de cette publication, à ceux qui l'ont accomplie; mais il est permis de regretter les fautes de l'exécution et il importe de les signaler au plus tôt afin que les « esprits intelligents » auxquels la commission lègue la continuation de sa tâche fatigante, sachent combien de difficultés ils doivent rencontrer encore. « RANDALL. »

CHAPITRE III

TRAVAUX MILITAIRES. — LA DÉFENSE NATIONALE.

L'étude constante des écrivains militaires devait naturellement amener Rossel à formuler ses pensées sur la grande question, qui est à l'ordre du jour permanent de l'Europe, l'organisation des armées.

Au mois de mars 1870, il écrivit à Bourges un travail intitulé : *De l'Organisation militaire de la France;* nous ignorons si, à l'époque, ce mémoire fut communiqué, mais il n'a été imprimé qu'au mois d'octobre 1871, à la suite de l'ouvrage que Rossel fit paraître pendant qu'il était détenu à la prison de Versailles[1].

L'auteur examine nos lois militaires anciennes; il combat le remplacement sous toutes ses formes commerciales ou administratives; le système des

1. L. N. Rossel. *Abrégé de l'art de la guerre*, suivi de l'*Organisation militaire de la France*. Paris; E. Lachaud, éditeur.

congés anticipés, la réduction du service selon la loi de 1868, lui semblent déplorables.

En première ligne des réformes, il demande la réduction de l'effectif ; le soldat et l'officier ne sont pas assez payés, mais, à cause du budget, on ne peut augmenter la solde qu'en diminuant les effectifs. Le nombre actuel des hommes sous les drapeaux n'est qu'un trompe-l'œil, car tous les soldats ne sont pas des combattants ; il ne faut pas que l'armée fasse un service de police qui lui répugne. « Dans un seul cas [1], l'armée peut quelquefois faire « mieux la police que la police elle-même : c'est « dans le cas d'une guerre civile et, à dire vrai, le « pays est en suspicion permanente de guerre ci- « vile ; espérons que les événements démentiront « de plus en plus cette triste doctrine. »

« L'armée ne doit faire qu'un service militaire, « c'est-à-dire défendre le pays contre l'étranger « et, à la rigueur, contre les factions armées [2]. »

Pourquoi Rossel n'a-t il pas toujours pensé ainsi ?

Il estime que la durée du service fixée à cinq ans est tout à fait insuffisante dans une armée réduite ; il invoque le témoignage de Napoléon et, comme lui, voudrait dix ans : avec cinq ans on n'a ni bons sous-officiers, ni bons artilleurs, ni bons sapeurs du génie ; il lui semble qu'au moyen d'un contingent annuel de 25 000 hommes servant dix ans, ou de

1. L. N. Rossel. *Abrégé de l'art de la guerre*, suivi de l'*Organisation militaire de la France*, p. 233. Paris ; E. Lachaud, éditeur.
2. *Id.*, page 225.

30 000 hommes servant huit ans, on arriverait à résoudre le véritable problème d'avoir une armée excellente de qualité, sans affaiblir les forces vives du pays.

En temps de guerre, cette armée serait appuyée par des milices divisées en deux catégories : les gardes nationaux sédentaires et les gardes mobiles. L'organisation de la mobile serait semblable à celle de l'armée: les officiers pris pour la moitié dans ceux de l'armée, seraient assujettis aux mêmes règles d'avancement, les autres, tirés des rangs de leur troupe, devraient justifier de leurs aptitudes; toutes les armes seraient représentées dans la garde nationale mobile.

Après la campagne de 1870, les opinions de Rossel, que nous venons d'analyser sommairement, se modifient en certains points; il désire que l'on fasse une singulière expérience, celle de l'élection d'un certain nombre d'officiers par les égaux ou quelquefois par les inférieurs; il est partisan du service obligatoire en temps de guerre seulement, et de l'instruction obligatoire en tout temps; il pense qu'au lieu d'une armée permanente nombreuse, il vaut mieux n'avoir dans l'armée qu'une pépinière d'officiers et de sous-officiers et demander les neuf dixièmes des soldats à un bon système d'instruction et de mobilisation.

Quelques-unes de ces idées, et en particulier celles qui se rapportent à la durée du service, ont été soutenues à la tribune de l'Assemblée nationale par M. le Président de la République, qui depuis fort longtemps les avait émises et discutées; le travail de Rossel ne renferme à cet égard rien de nouveau, nous avons tenu néanmoins à signaler ce livre pour ne rien omettre de ce qui a été publié sous son nom.

La guerre éclate, les premières batailles sont des defaites pour nos armées; les plans de défense sont discutés; Rossel prend la plume et envoie au *Temps* un article; il n'a pas attendu la fin de la guerre pour prouver qu'avec tel ou tel système nous aurions pu ressaisir la victoire; dès le lendemain de Reichoffen il rédige à la hâte un plan de campagne.

Il a le sentiment vrai de la situation, il l'envisage clairement, ses idées sont en grande partie excellentes et pratiques, et du moins il a ce mérite, de les exposer au moment opportun et non de faire de la stratégie après coup.

Selon lui, il faut incorporer les bataillons de mobiles dans les régiments de ligne, éviter de livrer bataille, ne s'engager que par petits groupes; l'armée, en cas du siége de Paris, doit se retirer vers la forêt d'Orléans et ne laisser dans la place que les hommes nécessaires à la résistance.

L'article de Rossel doit être cité et lu en entier.

LA DÉFENSE NATIONALE.

« La puissance militaire de la France a été dilapidée. 1° par les réformes apportées à l'organisation de l'armée; 2° par la division de l'armée active en plusieurs commandements, et sa répartition sur une frontière étendue. « Qui veut tout garder, ne garde rien. » (Napoléon.)

« L'ennemi, plus nombreux que nous et plus vite organisé, avait cru au premier moment avoir à se défendre, et s'est vigoureusement préparé à la défensive. Les règles les plus vulgaires de la politique de la guerre ont été violées par notre ministère, lorsque l'affaire a été engagée; il fallait être prêt avant d'élever la voix, sous peine de s'attirer un affront. La guerre une fois décidée, l'armée active a été composée de plusieurs tronçons, beaucoup plus faciles à vaincre qu'un seul corps.

« Si l'armée actuelle était perdue, dispersée ou enfermée dans les places, voici de quelles ressources le pays peut disposer :

« 1° Les régiments qui n'ont pas paru à l'armée; 2° Les gardes mobiles, qui doivent être *tiercées*, incorporées dans l'armée de ligne à raison de deux compagnies par bataillon, tout au plus, et habillées comme la ligne. Les officiers qui ne feraient pas preuve d'aptitude peuvent alors être congédiés sans illégalité; ils ne sont pas couverts par la loi, et leur nomination a été illégale ; il en est de même des sous-officiers ;

« 3° Les quatrièmes bataillons et les dépôts, auxquels on doit renvoyer les blessés et tous les hommes qui ont rétrogradé isolément de l'armée pour une raison ou pour une autre ;

« 4° Les gardes nationales sédentaires, soit tout l'ensemble des citoyens qui doivent être appelés dans l'ordre suivant : Les célibataires âges de moins de trente ans, les hommes mariés de moins de 30 ans, les célibataires au dessus de 40 ou 45 ans. Tout cela doit être mobilisé successivement, incorporé aux régiments de ligne, et tiercé, c'est-à-dire que chaque régiment, chaque bataillon, chaque compagnie, doit contenir de vieux soldats.

« Les bataillons ainsi formés ne doivent pas dépasser 400 hommes, ils peuvent être provisoirement commandés par 9 officiers formant 6 ou 8 compagnies ;

« 5° Les hommes de plus de 45 ans formeront des troupes de garnison et peuvent utiliser les uniformes existants de la garde nationale et de la mobile.

« *Règle.* — Il ne faut pas appeler à l'armée active d'officiers retraités, ni d'officiers réformés, ni même démissionnaires.

« En Afrique, les Kabyles peuvent former 3 nouveaux régiments de turcos très-bons.

« Pour la cavalerie, on ne pourra pas faire beaucoup, mais les pays de chasse peuvent fournir des escadrons francs de chasseurs, montés sur leurs chevaux de chasse qu'on leur payerait, et qui suffiront au service d'éclaireurs. Nos généraux ne savent pas grand'chose de ce genre de service. Tout groupe de 50 chasseurs du même pays peut être organisé en corps indépendant, et prendre un uniforme, un sabre et un revolver, ou un couteau dechasse et un revolver leur suffisent.

« La nouvelle armée ayant peu de cavalerie, ne doit pas aborder le pays de plaine. *Elle ne doit pas non plus se renfermer dans les places ou les camps retranchés*, elle doit occuper les pays boisés et montueux : par exemple, si Paris etait assiegé, elle pourrait se tenir pendant ce temps vers la forêt d'Orléans, éclairee à grande distance par les chasseurs, qui éviteront tout engagement, et se liant à la Normandie par des corps de 4 à 6000 hommes, chasseurs à pied, si c'est possible. Tous les pays peuvent en fournir (braconniers, gardes-chasse, etc.)

« Pour l'armement, la grande portée des armes de l'armée régulière est sans influence dans les pays coupés, d'où la nouvelle armee ne doit jamais sortir. La vitesse du tir des fusils Lefaucheux est suffisante pour toutes les circonstances ; ainsi, il n'y a pas d'autres mesures d'armement à prendre que de faire forger des baionnettes assez longues pour que le fusil entier ait 1^{m}. 90 de long et de faire *braser* des tenons sur les canons de fusil pour tenir ces baionnettes. Il y a des baionnettes de chasse très-simples et très-connues, mais trop courtes.

« Pour l'artillerie tout ancien canon est bon, pourvu qu'on ait 200 boulets de calibre, ou le moyen de les fondre : ne pas s'inquiéter d'avoir des obus, rien que des boulets pleins et dix coups de mitraille par pièce. La grande portée des canons rayés est sans avantage quand le champ de bataille n'a pas plus de 1000 mètres de large. Donc toujours il faut se tenir dans les pays coupés.

« Pour les *équipages*, il n'y a pas de ville qui n'ait aujourd'hui de beaux services de camionnage et d'omnibus. Les camions et leurs chevaux avec leurs conducteurs, formeront le train des équipages ; les omnibus seront dételés, et leurs attelages conduiront l'artillerie de campagne.

« Pour la stratégie, faire de la chouannerie en grand, tenir les pays de collines boisées, sans se jeter dans les montagnes, où l'on mourrait de faim, ni dans la plaine où l'on serait vaincu par les troupes régulières de l'ennemi. Fabius, Charles V, sont les plus célèbres exemples de ce genre de stratégie. Ne se jamais renfermer dans une ville. Les pays coupés forment de longues bandes qui relient toutes les provinces et permettent à l'armée nationale d'être maîtresse de tout le pays, malgré l'occupation. Marcher plus vite que l'ennemi, avoir toujours des éclaireurs à la limite de la colline et de la plaine, n'accepter aucun engagement en plaine si l'on n'est pas tout près du pays fourré, et beaucoup plus nombreux que l'ennemi.

« *Détails d'organisation :*

« Tous les jeunes gens aisés de la campagne, dans les chasseurs à cheval. Tous ceux des villes, à cheval aussi, dans l'artillerie légère. Dans l'artillerie aussi les forgerons, ouvriers en bois, ajusteurs, fondeurs, etc. Tous les bateliers réunis en seul corps.

« Le génie, formé des ouvriers et employés des chemins de fer, avec des ingénieurs pour officiers, et des terrassiers ou laboureurs pour la grosse besogne.

« Dédoubler ou détripler les bataillons actuels de chasseurs à pied; pas de zouaves; beaucoup de turcos.

« Pour la guerre, comme pour toute entreprise, il faut des bailleurs de fonds. Il faudrait une première personne ayant assez de crédit pour faire tête aux désastres, et assez de patriotisme ou de jugement pour servir, malgré tout, la cause de l'indépendance nationale et l'intégrité du territoire. Puisque je parle de la question d'argent, qui est très-importante, je vous rappellerai que le commerce du pays est une organisation toute prête pour l'administration des finances d'une armée nationale et pour subvenir à tous ses besoins. Avec de bonnes signatures, on fait vivre une armée bien mieux et bien plus économiquement que par n'importe quel procédé de réquisition ou de violence. Les intendants ou les comptables se trouvent facilement dans les Chambres de commerce. Toute la question d'organisation financière consiste à trouver le bailleur de fonds.

« Si la victoire revient à nous, toutes ces indications sont inutiles. Si nous continuons à être malheureux, l'armée perdra beaucoup de monde, parce que nos hommes sont braves et se font bien tuer avant de céder. Il ne faut pas attribuer ces pertes aux nouvelles armes, car ce serait faux. Nous perdons beaucoup de soldats, parce que ce sont de bons soldats, qui ne lâchent pied que quand ils ont été sévèrement éprouvés. Il faudra faire flèche de tout bois et pour arriver à présenter aux Prussiens un effectif comparable au leur, organiser et *mobiliser* toute la population jusqu'à 40 ans.

« Je me résume à la hâte :

« Faire entrer tous les combattants dans les cadres de l'armée de ligne, en répartissant les nouveaux soldats et les nouveaux officiers dans les anciens corps.

« Un seul général, une seule armée : une discipline implacable, appliquée surtout aux gros bonnets.

« Il n'y a aucune ville qui ne puisse braver une armée, si elle est défendue par des hommes de cœur. Toute ville de plus de 10 000 âmes peut obliger l'ennemi à la prendre de vive force par un combat de rues, où il perdra dix fois plus de monde qu'il n'en tuera. Toute ville de 3000 âmes, qui a une vieille enceinte, même détruite en partie, peut en faire autant si elle est soutenue par les populations rurales des environs, qui doivent y aller avec leurs fusils et leur blé.

« Rappeler souvent aux populations que les menaces de l'ennemi contre ceux qui servent la cause nationale sont le plus souvent illusoires et ne doivent pas les intimider.

« 10 août 1870.

« RANDALL. »

Les idées contenues dans cet article ont ete maintes fois discutées pendant la guerre et après ; Rossel est le premier qui les ait fait imprimer, il faut lui rendre cette justice qu'il a non-seulement devancé les écrivains et les orateurs qui ont traité cette question, mais encore qu'il s'est trouvé d'accord, sur certains points, et à son insu, avec M. Thiers qui désapprouvait hautement la marche vers le Nord et était d'avis de se replier.

Nous n'aurons plus d'éloges à adresser à Rossel ; la justice, comme l'impartialité, nous commandait de mettre en relief cette page remarquable de ses travaux.

Dès la déclaration de guerre, Rossel avait demandé de faire partie de l'armée active ; comme la réponse tardait, il voulut donner sa démission et s'engager comme simple soldat ; il fut enfin désigne pour Metz, il arriva dans cette place le 4 août.

CHAPITRE IV

ROSSEL A METZ. — TENTATIVE DE CONSPIRATION.

Rossel fit la campagne en qualité de capitaine du génie, il etait attaché au service des fortifications.

Il ne fut jamais envoyé au combat, c'est le sort des officiers du génie qui ne sont pas dans les compagnies divisionnaires ; volontairement il se joignit quelquefois à des francs-tireurs et alla sur les champs de bataille.

Son esprit était inquiet et agité ; il souffrait de nos désastres et surtout de l'inaction de l'armée. Tous nos soldats étaient comme lui : rien de plus naturel et de plus élémentaire que ce sentiment dont personne n'a le droit de se vanter.

Pascal a dit : « Notre dignité est dans notre pensée », nous chercherons les éléments de notre jugement dans les actes de Rossel et surtout dans ses pensées ; elles ont été livrées à la publicité dans un livre auquel nous aurons bien souvent à recourir[1], mais nous n'oublierons pas les circonstances, ni cet autre axiome de l'auteur des *Provinciales*. « Le hazard donne les pensées, le hazard les ôte. »

Dans une lettre adressee à son pere en février 1871, Rossel raconte ses tristesses, ses ennuis et les divers projets qui l'agitèrent pendant le siege de Metz. Son idée était de se débarrasser des chefs, généraux et états-majors. « Je rêvais, avant même « la bataille du 14 août, au moyen d'expulser toute « cette clique[2]. »

Triste aveu de la part d'un officier qui faisait partie d'une armée superbe et alors intacte.

Rossel passa tout le temps du siége à jouer un singulier rôle de conspirateur; il allait dans les camps, chez des camarades, chez des habitants de la ville; il sondait le terrain, louvoyait, intriguait faisait une sourde propagande contre Bazaine et cherchait un homme.

Nous détachons de la lettre déjà citée, le passage suivant[3]. « Bientôt Bazaine, dont les relations avec « le quartier géneral prussien, devenaient pres« qu'intimes et pleines de confiance, commença à

1. Rossel. Papiers posthumes, recueillis et annotés par Jules Amigues. Paris, 1871, E. Lachaud, éditeur.
2. *Id.*, page 11.
3. *Id.* page 15.

« ourdir ses intrigues bonapartistes. Je n'avais jamais eu l'intention de rien faire qui eût un caractere politique; mais ici la partie devenait belle, « puisque Bazaine n'avait pas reconnu le gouvernement nouveau de la France : il suffisait de lever « le drapeau du gouvernement français, pour faire « tomber à plat la coterie impérialiste. On commençait à parler de généraux disposés à ne pas « suivre le maréchal dans ses intrigues; on prononça le nom de Clinchant qui, chef d'un régiment de zouaves au Mexique, commandait alors « une brigade de deux beaux régiments de « mexicains ». J'allai le voir en me servant de ton « souvenir comme de presentation et bientôt il en « fut aux confidences et me dit combien il était peu « assuré d'être suivi de ses régiments en tout état « de choses. Il s'agissait, suivant lui, de donner un « vernis de légalité aux généraux, et pour cela, il « voyait deux moyens : d'abord organiser clandestinement les élections (qui devaient se faire le « 16 septembre) et faire nommer représentants des « hommes dont on fût sûr et en particulier Changarnier. Ce moyen ne pouvait pas réussir; les « hommes du parti libéral dans Metz, avec lesquels « j'avais des relations suivies, n'étaient ni des « hommes de caractère, ni des hommes d'action. « Un seul peut-être avait l'énergie voulue : un cordonnier de la rue de la Tête-d'or, Péchoutre, un « vieux proscrit de 1851 ; mais il avait vieilli, son « parti avait été désorganisé par vingt ans d'op-

« pression ; les classes ouvrières étaient sans éner-
« gie et avaient perdu toute aptitude politique ; c'é-
« tait un homme isolé et qui sentait tristement la
« faiblesse de notre parti. Quant à la bourgeoisie...,
« c'était la bourgeoisie : braves gens, bons pères,
« bons époux et bons gardes nationaux, mais
« quand on leur présentait quelque résolution virile,
« donnant comme dernier argument : « Après tout,
« je suis marié, j'ai une famille.... » — L'autre en-
« treprise consistait à envoyer à Gambetta un émis-
« saire pour lui exposer l'état des choses et revenir
« avec des pleins pouvoirs pour le général Changar-
« nier, qui décidément était la tête de ce parti : —
« tête sans grande cervelle ! »

Rossel alla chez Changarnier. « Je trouvai en lui, « dit-il, un militaire éclairé et chez lequel l'âge « paraissait n'avoir pas détruit une certaine vi- « gueur » Le général lui répondit par ces nobles paroles :

« Non, je ne veux pas usurper le commandement « dans une armée où je sers comme volontaire ; je « ne veux pas déshonorer mes cheveux blancs [1]. »

Désillusionné sur le compte des généraux qui entendaient rester fidèles à leurs devoirs de soldats, Rossel essaya de sortir de la place revêtu d'habits de paysan, pour aller trouver Gambetta ; il ne put y parvenir. « Je résolus de sacrifier décidément mon

1 Papiers posthumes, page 18.

« devoir de soldat à mon devoir de citoyen et de « tenter moi-même de traverser les lignes[1]. »

Sa conduite future est en germe dans cette phrase.

Les fils de la trame furent en partie découverts, et Bazaine fit comparaître Rossel devant lui.

Rossel raconte longuement cette entrevue; il joua de finesse avec le maréchal, il eut des réponses évasives et spirituelles qui font honneur à son imagination; interrogé spécialement sur ce qu'il était allé faire près de Changarnier, il répondit qu'il s'agissait de présenter au général un mémoire sur la situation de l'armée, mémoire qui existait et qu'on pouvait consulter; il nia d'une façon nette et catégorique être allé chez des officiers généraux ou supérieurs pour les engager à agir d'une manière déterminée dans certaines circonstances [2].

Bazaine congédia Rossel, qui ne fut pas inquiété; le projet de conspiration échoua.

On a cherché à faire un mérite à Rossel de sa conduite durant le siege de Metz et au lendemain de nos défaites, en présence de ces armées ennemies qui ont triomphé par la discipline et l'obéissance absolue, on a cherché à démontrer qu'il y avait deux sortes de discipline et deux sortes d'obéissance : ce sont là des théories funestes, sub-

1. Papiers posthumes, page 19.
2. *Id.*, page 35.

versives et indignes d'un pays vaincu qui doit se retremper.

Rossel, pas plus que personne, n'avait le droit de conspirer en face de l'ennemi, quelles que fussent, d'ailleurs, sa douleur patriotique et l'indignité présumée de ses chefs; il n'avait pas le droit de prendre, sans ordres, des habits bourgeois, tantôt pour rôder dans les camps, tantôt pour essayer de franchir les lignes; il était soldat, il devait rester à son poste.

Du reste, ses menées n'étaient pas absolument désintéressées, l'ambition déjà le poussait; nous allons le démontrer.

CHAPITRE V

LES RÉUNIONS D'OFFICIERS DANS LES DERNIERS JOURS DU SIÉGE DE METZ.

Dans les derniers jours du siége, il y eut à Metz des réunions d'officiers dont il a été beaucoup parlé; dans son récit, Rossel passe assez rapidement sur cet épisode et omet quelques détails cependant fort intéressants : il ne se vante ni d'avoir organisé ces réunions — et effectivement il ne les a pas organisées — ni des paroles qu'il a prononcées.

Nous sommes à même de donner sur ces faits quelques éclaircissements.

Le bruit de la capitulation circulait, l'armée était affligée ; on avait toujours espéré une dernière sortie; sans doute, les chances de succès étaient alors bien amoindries, mais, du moins, on se serait battu et battu bravement pour l'honneur des armes : c'était une glorieuse consolation.

Quelques officiers provoquèrent une réunion pour s'entendre; on ne fut pas assez nombreux et on résolut de s'ajourner au lendemain.

Rossel ne fut pour rien dans ce premier conciliabule; il avoue lui-même[1] que le hasard lui en apprit l'existence, et il assista à la reunion au même titre que ses camarades.

Le rendez-vous du lendemain, 28 octobre, était dans les bureaux du génie; on disait que le général Clinchant devait presider. Deux cents officiers environ étaient présents; on attendit en vain le général, et, comme il ne venait pas, on se décida, vers trois heures, à ouvrir la séance.

L'assemblée était loin d'être calme; il y eut, pendant toute sa durée, du bruit et même un certain tumulte qui empêcha bon nombre d'officiers d'entendre les propositions et les discours.

Rossel prit la parole le premier; nous ne pouvons donner les propres expressions dont il se servit, mais en voici le sens exact :

— Le but de cette réunion est d'aviser aux moyens d'échapper à la honteuse capitulation qu'on veut nous infliger.

— Il faut que nous rassemblions autour de nous le plus grand nombre possible de soldats, il faut chercher à percer les lignes prussiennes dans une attaque de nuit.

1. Papiers posthumes, page 39.

— En ce moment, la première chose à faire, c'est de nous rendre maîtres des portes de Metz.

— Quels sont les officiers qui se chargent de conduire cette opération, je vais leur donner les ordres nécessaires?

Cette dernière phrase n'était pas heureuse; elle fut accueillie froidement. Fort peu d'officiers connaissaient Rossel, il n'avait pas d'autorité morale, on ne vit aussitôt en lui qu'un jeune homme ambitieux.

De nombreuses interpellations lui furent adressées :

— Qui êtes-vous?

— Quel est votre mandat?

— De qui le tenez-vous?

— Au nom de qui prenez-vous la parole?

Un capitaine d'infanterie s'approche :

— Je me charge, dit-il, d'enlever une porte de Metz, mais je veux savoir au nom de qui je dois agir.

— En mon nom, » répliqua Rossel.

Et sur-le-champ il écrivit sur un morceau de papier ces mots : « Ordre est donné au capitaine *** de s'emparer de la porte Mazelle. »

Il ajouta à haute voix :

— Je suis secrétaire de la réunion, et, en l'absence du général, je suis chargé de donner les ordres d'exécution.

A ce moment, un colonel du génie et un chef d'escadron d'état-major entrèrent dans la salle.

Le colonel avait fait partie de la réunion de la veille; il prononça quelques paroles, pour dire que le général Clinchant ne viendrait pas, et, avec tristesse, il émit l'opinion que la résistance lui semblait impossible.

Le commandant d'état-major, d'un ton ému, s'exprima à peu près ainsi :

— Il ne s'agit pas de savoir si nous avons ou non des chances de succès.

— Il faut prouver qu'il y a dans l'armée des hommes de cœur.

— Je propose que nous, officiers ici présents, nous nous réunissions. — Nous marcherons à l'ennemi comme de simples soldats. — Nous percerons les lignes ou bien nous nous ferons tuer!

Ces nobles sentiments furent compris ; l'émotion était grande.

Le vide se fit autour de Rossel, et c'était justice. Quelle différence entre son attitude et celle de cet officier d'état-major, qui, lui, ne songeait qu'à se faire tuer!

Les discussions par groupes s'engagèrent.

Les uns voulaient une sortie avec les troupes.

Les autres proposaient de s'emparer du fort Saint-Quentin, et de s'y défendre à outrance.

Les moins téméraires pensaient qu'il fallait protester contre la capitulation, et se rendre à l'arsenal pour brûler les drapeaux, qu'on supposait intacts.

— Emparons-nous de l'arsenal, nous détruirons du moins les poudres et le matériel.

— Au besoin, nous nous ferons sauter.

— Cherchons Bazaine; jugeons-le sommairement.

— Non! qu'on le fusille tout de suite.

La grande majorité des officiers repoussa cette proposition, disant que le maréchal appartenait à la justice du pays.

Au milieu du bruit, des conversations et des discours interrompus, Rossel essaya à plusieurs reprises de ressaisir la parole; mais déjà il était jugé par ses camarades, et on ne voulut plus l'entendre.

Cependant, comme il insistait dans un groupe, un officier lui fit remarquer que pour faire une sortie, il ne suffisait pas de réunir des soldats, et qu'il était indispensable d'avoir un chef, un général, un homme dans lequel on eût confiance.

Rossel riposta vivement par ces mots :

— Confiez-moi le commandement, je l'accepte et je me charge de percer.

Il ne fut pas écouté, et conçut de son échec un dépit qu'il ne cache pas :

« Les officiers voulaient une grosse épaulette « pour les conduire, et les grosses épaulettes ca« ponneront comme elles l'ont fait si souvent[1], » dit-il dans la lettre à son père.

Plus tard, au mois de janvier, il écrit au général Cremer :

1. Papiers posthumes, page 41

« Le proverbe a raison, il faut prendre du galon.
« Ne songez-vous pas avec regret, en regardant vos
« étoiles, que si, il y a trois mois, nous avions eu ces
« bibelots, l'armée de Metz opérerait aujourd'hui en
« France ? Il ne nous a manqué que du galon.[1] »

Il oublie d'ajouter : et la confiance de l'armée, qui ne s'accorde qu'à bon escient.

La réunion avorta, et la reddition eut lieu.

1. Papiers posthumes, page 64.

CHAPITRE VI

ROSSEL A TOURS, DANS LE NORD ET AU CAMP DE NEVERS.

Un assez grand nombre d'officiers parvinrent à s'échapper; Rossel fut de ceux qui tentèrent l'aventure ; il réussit, et passa en Belgique, et de là en Angleterre, où se trouvait sa famille.

De Folkestone, il écrivit à M. Gambetta, et peu de temps après il se rendit à Tours. Il eût été plus simple d'y aller tout de suite, comme firent beaucoup d'officiers qui estimèrent que la défense de la patrie envahie doit primer les sentiments les plus respectables.

Depuis ce moment jusqu'au 18 mars, nous n'avons sur Rossel que les renseignements qu'il donne lui-même dans les écrits qu'il a laisses et qui ont été recueillis et annotés par M. Jules Amigues[1] ; nous nous permettons de recommander

1. Rossel. Papiers posthumes, recueillis et annotés par Jules

la lecture lente et réfléchie de ces papiers posthumes très-instructifs et très-intéressants. Il est indispensable de lire cet ouvrage d'un bout à l'autre sans omettre une ligne, si l'on veut avoir une idée exacte de la personnalité de Rossel.

A Tours, le capitaine Rossel est aussitôt reçu par M. Gambetta.

Le ministre lui demande où il voulait être employé; il répond qu'il pensait pouvoir rendre des services dans l'organisation des armées ou dans les mouvements militaires.

Gambetta l'adresse à M. de Freycinet, qui ne lui accorde audience que deux jours après[1].

La conversation dut être curieuse; nous n'en connaissons que quelques bribes :

« Supposez, dit M. de Freycinet, que le ministère de la guerre fût à organiser, quelle place choisiriez-vous ? »

Rossel répondit que, si toutes les places étaient à donner, il prendrait la direction absolue des opérations[2].

Ce n'était pas modeste, mais c'était du moins net et franc.

On l'envoya dans le nord de la France s'enquérir sur l'armée et les forces dont on ignorait la situation exacte.

Amigues. Paris, E. Lachaud, éditeur, 4. place du Théâtre-Français (4e édition).

1. *Id*, page 49.

Nous n'avons pas lu les rapports que Rossel adressa au ministre; ils ne devaient pas être bien consolants :

« Je vis des préfets assez variés et des généraux « assez uniformes. Les préfets tous avocats; les gé« néraux tous empaillés [1]. »

C'est flatteur pour nos généraux de l'armée du Nord, qui cependant, de l'aveu de l'ennemi, surent prouver leur mérite; mais Rossel est toujours très-sévère pour les autres, et il ne démord pas de cette « conviction absolue, que nos généraux étaient tout à fait ignorants et *qu'il fallait* tout faire pour leur arracher des mains l'armée de la France [2]. »

Il n'est jamais bien facile d'obtenir une audience d'un ministre; heureusement Rossel rencontra au café son camarade Cavalier, dit Pipe-en-Bois, et put ainsi, à son retour du Nord, avoir un long entretien avec M. Gambetta.

L'entrevue dura deux heures et demie; on parla de la guerre et de l'organisation des armées. Rossel, vraisemblablement, reprit les idées de son plan de défense, publié le 10 août par le journal *le Temps ;* le ministre goûta la théorie du tiercement, qui, sans doute, méritait d'être étudiée à fond et peut-être Rossel fut-il sur le point d'avoir enfin ce pouvoir et ce commandement tant désirés, quand, par

1. Papiers posthumes, page 52.
2. *Id.*, *id.*

un revirement subit, on feignit de l'oublier, et on lui donna finalement la mission d'aller au camp de Nevers commander le génie en qualité de lieutenant-colonel auxiliaire.

Ici, nous devons nous demander pourquoi Rossel, qui certainement avait beaucoup plus d'intelligence que bien d'autres, qui en plus s'était donne une teinte révolutionnaire, par le récit de ses affaires de Metz, ne fut pas mieux agréé par la délégation militaire de Tours ?

A-t-il provoqué la jalousie ?

Craignait-on un rival futur?

A-t-on vu dans ce jeune homme ardent et instruit un compétiteur dangereux ?

Le nom de Bonaparte est-il venu à l'idée?

Nous l'ignorons, mais Rossel relégué dans une fonction obscure, se tint pour sacrifié et crut qu'on avait voulu l'étouffer.

Le sejour du camp de Nevers fut malsain pour Rossel ; il est inquiet, soucieux, de mauvaise humeur, et surtout froissé dans son amour-propre.

Son service est bien fait, il s'applique à l'instruction des hommes et aux travaux du camp, mais aussi il se prépare et s'efforce de préparer ses camarades et ses subordonnés à quelque aventure[1].

Il ne sait ce qu'il fera, mais certainement il

1. Papiers posthumes, page 67 (lettre au lieutenant L***)

agira à l'inverse des autres; ses écrits datés de Nevers ne laissent aucun doute à cet égard.

Il rêve la défense à outrance; il prévoit la révolte; il se plaint de tout le monde et de toutes choses.

Les operations ont été vicieuses, toutes, et conduites par « les podagres de l'annuaire » et des « généraux imbéciles[1]. »

Bourbaki « est un vieux soldat usé ne marchant qu'à regret[2]. »

« Les camps d'instruction sont une folie[3]. »

« L'artillerie n'a pas su sacrifier un clou de son matériel savant et durable[3]. »

« La cavalerie a été aussi méthodique que l'artillerie et aussi incapable sur les champs de bataille[4]. »

« Le canon rayé est bon pour les badauds; ayons des canons lisses et sachons les servir.[4] »

M. Gambetta, par exception, trouve grâce à ses yeux, et encore?

« C'est un tribun énergique qui a été pendant six « mois d'une crise désespérée l'âme et la vie de « notre gouvernement imbécile? Comment dire du « bien, d'autre part, du ministre indécis et igno- « rant qui ne savait ni la situation ni l'emplacement « de ses armees et dont l'activite stérile et inintelli-

1. Papiers posthumes, page 81.
2. *Id.*, page 72.
3. *Id.*, page 74
4. *Id.*, page 75.

« gente ne savait ni empêcher les désastres ni re-
« médier à leurs effets[1]. »

En décembre, Rossel demande en vain une nouvelle audience au ministre de la guerre :

« Accordez-moi un entretien sérieux; donnez-moi
« le moyen de vous prouver que je sais la guerre,
« de vous montrer les raisons de vos défaites pas-
« sées et des insuccès que vous vous préparez[2]. »

Rossel a écrit un chapitre sur la lutte à outrance : il cite l'exemple de la Hollande sous Louis XIV et de l'Espagne sous l'Empire ; nous possédons un immense matériel, des soldats nombreux; la ligne de la Loire est une bonne frontière; l'attaque des provinces du Midi est très-difficile. L'armée d'Annibal, celle de Napoléon, ont péri par le défaut d'officiers ; il en sera de même de l'armée prussienne ; il faut l'user, la lasser, lui faire trouver Capoue dans nos villes[3].

Les idées de Rossel sur la défense à outrance ne sont basées que sur des hypothèses, elles ne renferment aucun moyen pratique et n'expriment qu'un désir et qu'une théorie.

C'est ainsi qu'il pensait et écrivait au camp de Nevers, sans négliger, bien entendu ses devoirs professionnels, qu'il continua à remplir après l'armistice et jusqu'à l'époque fatale du 18 mars.

1. Papiers posthumes. page 57.
2 *Id.*, page 63
3 *Id* , page 75.

CHAPITRE VII

LE 18 MARS. — LETTRES DE ROSSEL AU MINISTRE DE LA GUERRE ET AU DIRECTEUR DU *Times*.

Le moment de la crise est arrivé.

Rossel se précipite dans le gouffre béant.

Il le fait, non dans une heure de folie, ou de fièvre; mais avec calme et par raisonnement; c'est du moins lui qui l'affirme.

Toujours soucieux de ce qu'il pense être sa gloire et aussi pour préparer en sa faveur l'opinion publique en Angleterre, il écrit, le 4 mai, la lettre suivante au directeur du *Times*.

SIR,

« Il court dans les journaux une certaine calom-
« nie, qui ne m'aurait nullement inquiété si votre
« honorable feuille n'en avait endossé la responsa-
« bilité.

« On assure que j'ai demandé un grade à M. Thiers « qui me l'aurait refusé.

« Il n'y a rien eu d'analogue.

« Dès la capitulation de Paris, tout lien était brise « entre l'armée française et moi et je ne restai à mon « poste que pour achever de régler l'importante « comptabilité des travaux que j'avais exécutés.

« On dit qu'un dépit de jeune homme m'a jeté « dans les rangs de la Révolution.

« Il n'y a point chez moi de dépit, mais une co- « lère mûrement et longuement réfléchie contre « l'ancien ordre social et contre l'ancienne France « qui vient de succomber si lâchement.

« Salut et fraternité.

« Le délégué à la guerre,

« ROSSEL. »

Dans le même ordre d'idées, il dit :

« Le 18 mars, je n'avais plus de patrie; la France « s'était effondrée : plus de courage, plus de pa- « triotisme, plus d'honneur. Le 19 mars, j ap- « prends qu'une ville a pris les armes et je me « raccroche désespérément à ce lambeau de patrie. « Je ne savais pas qui étaient les insurgés, mais je « savais contre qui ils étaient insurgés, et cela me « suffisait. »

« Que la Commune (il n'y avait pas de Com- « mune le 18 mars, il n'y avait qu'une révolution), « que la Commune n'ait pas déclaré la guerre aux

« Prussiens, on ne peut pas s'en étonner. Mais il « est certain que le jour où la révolution aurait eu « des chances de succès, la Prusse lui aurait dé- « claré la guerre[1]. »

Pour l'instant nous ne relevons qu'un point, dans cette page : Rossel prétend ignorer ce qu'étaient les insurgés, et, dès le 19 mars, avant de quitter Nevers, il connaissait l'assassinat des généraux Clément Thomas et Lecomte; il l'avoue[2].

Voici maintenant la lettre adressée au ministre de la guerre ; ce n'est même pas une démission, car la démission, pour être valable, a besoin d'être acceptée; c'est un simple avis.

« Camp de Nevers, le 19 mars 1871.

« *Monsieur le général ministre de la guerre, à Versailles.*

« Mon général,

« J'ai l'honneur de vous informer que je me rends à Paris pour me mettre à la disposition des forces gouvernementales qui peuvent y être constituées. Instruit par une dépêche de Versailles, rendue publique aujourd'hui, qu'il y a deux partis en lutte dans le pays, je me range sans hésitation du côté de celui qui n'a pas signé la paix et qui ne compte

1. Papiers posthumes, page 258
2. *Id.*, page 88.

pas dans ses rangs des généraux coupables de capitulation.

« En prenant une aussi grave et aussi douloureuse résolution, j'ai le regret de laisser en suspens le service du génie du camp de Nevers, que m'avait confié le gouvernement du 4 septembre. Je remets ce service, qui ne consiste plus qu'en arrêtés d'articles de dépenses et remise de comptabilité, à M. F., lieutenant du génie auxiliaire, homme intègre et expérimenté, qui est resté sous mes ordres par ordre de M. le général Vergne, en vertu de votre dépêche, en date du 5 du mois courant.

« Je vous informe sommairement, par lettre adressée au bureau du matériel, de l'état dans lequel je laisse le service.

« J'ai l'honneur d'être,

« Mon général,

« Votre très-obéissant et dévoué serviteur.

« L. Rossel. »

Donc, pour Rossel, la France est un pays lâche, sans patriotisme, sans honneur.

Il divise les Français en deux camps, celui qui a signé la paix et celui qui a refusé de signer.

Il espère que la Prusse attaquera la révolution victorieuse et qu'alors ce pays lâche, sans patriotisme, sans honneur, subitement transformé, par le souffle révolutionnaire, se lèvera et chassera l'ennemi.

Que ne pouvons-nous attribuer ces rêves à une imagination en délire ?

Mais non, Rossel n'est pas un fou ; il n'agit qu'avec réflexion, il a prémédité longuement son coup. Il se jette de plein gré dans une situation qu'il n'a pas créée, qui n'est pas venue le solliciter ; il ne cède pas à l'enivrement d'un triomphe populaire ; il n'est pas entraîné par un courant.

Froid et calme, sans âme comme sans cœur, il fera de la Révolution comme Gœthe a fait de la Poésie.

Il rompt des liens sacrés, mais du coup il brise tout en lui-même : sentiment de l'honneur, raison, intelligence.

Le drapeau qu'il vient d'abandonner le poursuivra sans trêve ni repos et, spectre vengeur, flottera devant ses yeux.

Ses actes, comme ses écrits, porteront désormais l'empreinte du remords et du trouble qui l'agite, car déjà Dieu l'a marqué au front !

CHAPITRE VIII

ROSSEL A PARIS. — ORGANISATION POLITIQUE ET MILITAIRE DE LA COMMUNE A CETTE EPOQUE. — ÉTAT-MAJOR DE LA GUERRE. — LE COMITE CENTRAL DE L'ARTILLERIE.

Arrivé à Paris le 20 mars, Rossel court s'inscrire au quartier général de l'insurrection, à l'hôtel de ville.

Il croyait sans doute que toutes les portes allaient s'ouvrir devant lui, officier de l armée, ancien élève de l'Ecole polytechnique; il pensait qu'il serait accueilli avec empressement et joie et aussitôt porté sur le pavois.

Il n'en fut rien; son nom passa inaperçu.

Il consent alors à commencer par une fonction subalterne et se présente à quelques amis du quartier des Batignolles qui le nomment chef de la 17e légion; le Comité central le confirme dans ce grade et le voici avec les galons de colonel sous les ordres du général Bergeret!

Ses tentatives pour organiser militairement sa légion furent infructueuses et sa troupe l'abandonne sans tirer un coup de fusil, un jour qu'il veut la conduire à Courbevoie, pour coopérer au fameux plan de la marche sur Versailles.

Le début n'était pas encourageant et inspire à Rossel de tristes et justes réflexions.

Cette espèce d'unité administrative et militaire, l'arrondissement et la légion, représentait assez bien à cette époque l'image de l'ensemble de Paris; on y trouvait le désordre, les compétitions, l'anarchie, les rivalités, les jalousies qui régnaient alors, Rossel s'aperçut bien vite de cet état de choses; il faillit même en être victime.

Il n'était pas d'accord avec son comité d'arrondissement; le dissentiment devint tel que les délégués le firent arrêter et conduire à la préfecture de police, où il resta enfermé pendant quelques heures.

Remis en liberté, il fut, le lendemain, nommé chef d'état-major de Cluseret, délégué au ministère de la guerre.

Rossel s'était lié avec quelques membres de la Commune : Gérardin, Malon, Varlin, Delescluze; ces hommes l'avaient apprécié et fait nommer chef d'état-major; le poste était important et convenait infiniment mieux à Rossel que le grade obscur de chef de légion.

Ce n'est pas l'histoire de la Commune que nous écrivons ici; ce travail fait le sujet d'un autre volume; c'est l'histoire de Rossel; mais pour bien comprendre le rôle que remplit Rossel durant la période révolutionnaire, il est indispensable d'expliquer, en partie du moins, la situation générale.

On sait que les membres de la Commune s'étaient divisés en autant de commissions qu'il y avait de grands services; en tête se trouvait la commission exécutive, de beaucoup la plus importante; elle fut successivement composée de Bergeret, Delescluze, Duval, Eudes, Félix Pyat, Tridon, Vaillant, Vermorel, Cournet, Lefrançais et Avrial.

Vers la fin du mois d'avril, le 21, il fut décidé qu'au lieu d'être nommée au scrutin, la commission exécutive serait formée par la réunion des délégués aux différents ministères, qui étaient :

Cluseret, à la guerre;

Jourde, aux finances;

Viard, aux subsistances;

Paschal Grousset, aux relations extérieures;

Vaillant, à l'enseignement;

Protot, à la justice;

Raoul Rigault, à la sûreté générale.

C'était là que résidait nominalement le pouvoir suprême de la Commune.

Les autres commissions s'étaient chargées de diriger les services; elles étaient constamment remaniées et n'en valaient pas mieux; on peut en juger par la composition de la commission de la guerre, où furent nommés : Pindy, Eudes, Bergeret, Duval, Chardon, Flourens, Avrial, Ranvier, Arnold,

Delescluze, Tridon; bientôt on reconnut qu'à la guerre surtout il fallait une plus grande unité de direction, et, à côté de la commission, Cluseret et Eudes furent nommés délégués; Eudes ne resta qu'un jour et Cluseret fut seul à la délegation; mais la Commune se méfiait de lui et c'est alors qu'elle lui adjoignit Rossel, avec le titre de chef d'état-major.

Il est difficile de suivre les pérégrinations des fonctionnaires civils et militaires de la Commune, car les titres et les emplois changeaient souvent; voici cependant un état partiel du personnel supérieur militaire sous Cluseret, successeur des généraux Bergeret, Eudes, Duval, les héros de la jonction de Courbevoie :

Général Cluseret, délégué à la guerre;

Colonel Rossel, chef d'état-major général;

Comte de Beaufort, capitaine aide-de-camp du délégué;

Prince de Bagration, capitaine aide-de-camp du délégué;

Moreau, chef de cabinet.

Il faut croire que cette démocratie à outrance ne dédaignait pas de s'adjoindre des noms aristocratiques. Beaufort et Bagration ont été fusillés: Beaufort par les insurgés devant la Roquette; Bagration par l'armée, à Vincennes, après la prise de Paris. Moreau était membre du comité central.

G. May, intendant général;

Rosselli-Mollet, directeur général du génie;

Rousselle, directeur général des ambulances de la République universelle;

Genéral Bergeret, commandant la place; c'était le commandement le plus important; il comportait tout Paris et la banlieue, sauf les forts;

Général Dombrowski, commandant la place, après Bergeret, puis commandant les défenses de la rive droite;

Général Wroblewski, commandant les défenses de l'enceinte de la rive gauche;

Général Eudes, commandant supérieur des forts du Sud;

Colonel Henry, chef d'état-major du commandant de place;

Colonel La Cécilia, chef d'état-major du général Eudes;

Colonel Chardon, commandant militaire de la préfecture de police;

Colonel Collet, sous-chef d'état-major du général Eudes;

Mégy, commandant le fort d'Issy;

Ledrux, commandant le fort de Vanves;

Colonel Mayer, chargé de l'organisation des légions;

Colonel Razoua, commandant l'École militaire.

Nous ne parlons pas des nombreux chefs de légion, dont quelques-uns jouissaient d'une réelle popularité.

Sous la Commune, les administrations ne brillaient pas par la simplicité ; partout des complications inventées comme à plaisir.

A côté de la délégation de la guerre, se trouvaient des Comités indépendants de la Commune et nommés directement à l'élection ; il se mêlaient des affaires, organisaient, désorganisaient à leur guise.

Le Comité de la fédération de la garde nationale, vulgairement appelé Comité central, était une puissance rivale de la Commune ; il datait de longtemps, avait fait le 18 mars, et, malgré ses protestations répétées, ne s'était dépouillé au profit de la Commune que d'une partie de ses attributions ; il conservait une action puissante sur les fédérés et entendait gérer le ministère de la guerre, au moins en ce qui concernait la partie administrative ; il était redouté de la Commune et du délégué à la guerre qui journellement était forcé d'entrer en composition avec lui.

A l'exemple des bataillons, les batteries d'artillerie de la garde nationale, organisées pendant le siege sous des dénominations diverses, s'étaient également fédérées en partie, et avaient élu un Comité central de l'artillerie.

Ce Comité n'avait pas la situation politique du Comité central, ni sa popularité ; il était néanmoins un pouvoir toujours en querelle et en discussion avec le délégué à la guerre.

Le Comité d'artillerie s'était subdivisé en quatre sections.

La première avait pour but d'organiser, par arrondissements, les légions d'artillerie et les batteries et de recruter des artilleurs ; le recrutement n'était pas difficile, car la solde journalière étant de trois francs par jour dans cette arme spéciale ; on eut bientôt, sur le papier et à la paie, 3500 hommes encadrés d'officiers dont pas un n'avait tiré un coup de canon.

L'ancienne légion d'artillerie du colonel Schœlcher excitait la mauvaise humeur et la défiance du Comité ; quoiqu'elle n'existât plus en fait, elle était soupçonnée de donner un appui à la réaction ; le Comité n'eut de repos qu'après avoir obtenu un décret de dissolution en bonne forme. M. Schœlcher fut même arrêté un instant, mais il ne tarda pas à être mis en liberté.

La seconde section s'intitula Commission d'armement ; elle devait réunir dans les parcs et les magasins les pièces d'artillerie et les munitions éparses dans Paris et armer les artilleurs dont l'unique service consistait à toucher la solde.

Les soldats de la Commune ne ménageaient pas la poudre ; il parut indispensable au Comité de centraliser le service et la fabrication des munitions ; ce fut le lot de la troisième section.

La quatrième section avait des vues plus élevées. Elle visita les bastions et les forts et demanda à la Commission militaire de la Commune de s'entendre avec elle pour l'armement des points d'attaque et de défense; mais, comme il importait à ses yeux de rester indépendante du délégué à la guerre, elle voulut être mise en possession des archives de l'état-major de l'artillerie de l'armée et de celles de l'ancienne légion Schœlcher.

En réalité, le Comité central d'artillerie fit, pendant toute la durée de l'insurrection, beaucoup plus de bruit que de besogne, et, si nous nous sommes un peu étendu à ce sujet, c'est qu'il offre le type de ce que, sous la Commune, on appelait un Comité de fédération : sorte d'assemblée élue par une catégorie spéciale d'individus, à la fois délibérante et exécutive, sans mandat déterminé, toujours jalouse des autres Comités ou de la Commune, assez méthodique en apparence, mais entravant les services, embrouillant les affaires et ne faisant en somme qu'une seule chose utile à ses commettants : veiller scrupuleusement au payement de la solde.

Le Comité central de la fédération de la garde nationale et le Comité central de l'artillerie devaient, en principe, être les intermédiaires entre les fédérés armés et leurs familles d'un côté et le pouvoir exécutif de l'autre; c'était beaucoup; il eût fallu veiller au recrutement, à la poursuite des réfractaires, à la formation des cadres de compagnies et à une foule de détails d'exécution; aussi les Comités durent laisser se développer sous eux des Comités de quartiers et subir à leur tour le contrôle qu'eux-mêmes entendaient exercer sur la Commune et le délégué à la guerre.

Dans chaque arrondissement il y eut donc bientôt une sorte d'administration militaire. Ce pouvoir était entre les mains, tantôt d'un Comité d'arrondissement, tantôt d'un chef de légion ou d'un conseil de légion, ou même d'un individu quelconque, membre de la Commune ou non, qui s'était fait coudre des galons sur la manche, la place après le 18 mars ayant été au premier occupant. Ces gens faisaient à peu près ce qu'ils voulaient : réquisitions, visites domiciliaires, arrestations, selon leur caprice.

Il devait y avoir une légion par arrondissement, et par suite un chef de légion flanqué d'un état-major brillant et nombreux, comme on les aimait alors, et ainsi composé :

Un lieutenant-colonel ;

Un chef d'état-major ;

Un major de place ;

Deux capitaines d'état-major ;

Quatre adjudants ;

Un chirurgien principal.

La légion comprenait plusieurs bataillons d'une force numérique très-variable ; le colonel, chef de légion, était un personnage qui prenait une importance proportionnée à son ambition ; souvent il se considérait comme indépendant du Comité d'arrondissement, qui lui-même frondait le Comité central, qui lui-même refusait de plier devant la Commune.

Tel était à peu près le mécanisme militaire, mais ce simple exposé ne peut donner une idée de la confusion et du désordre administratif qui existait partout ; nous avons étudié la Commune sur nature et c'est grâce aux souvenirs profonds qu'elle nous a laissés, que nous sommes parvenu à débrouiller quelques écheveaux.

CHAPITRE IX

ROSSEL CHEF D'ÉTAT-MAJOR DE CLUSERET. — SON OPINION SUR CE PERSONNAGE. — RAPPORTS AVEC LE COMITE CENTRAL DE LA FEDERATION.

Le délégué à la guerre avait donc à compter avec :

La Commune ;

La Commission exécutive ;

La Commission de la guerre ;

Le Comité central ;

Le Comité d'artillerie.

Sans parler des individualités en renom comme Bergeret, Eudes, Mégy, Henry et une quantité d'autres, qui dans les forts, les arrondissements, les légions, s'attribuaient les fonctions qui leur plaisaient.

Rossel tombe au milieu de ce chaos ; il n'est pas long à saisir l'ensemble de la situation ; il voit que Cluseret sera vite usé, et que le Comité central a toujours beaucoup d'influence.

Habilement, il s'abouche avec le Comité et lui fait des avances par l'intermédiaire de Moreau[1]. Ce Moreau était un homme très-intelligent et modeste par rapport aux autres; il a fait partie du Comité central du premier au dernier jour; à son gré, il aurait pu prendre du galon; il ne fut que chef de cabinet de Cluseret et, plus tard, sous Delescluze, commissaire civil adjoint au ministère de la guerre; c'était le membre le plus important du Comité central; il fut un des moins connus; sous la Commune, comme toujours, la popularité est courtisane.

Rossel est loin de contester l'autorité au Comité central; il est d'avis que les mesures administratives votées par le Comité, doivent être exécutées énergiquement, mais, en revanche, il désire avoir un rapport succinct sur les affaires traitées par la Fédération.

Le Comité n'est pas unanime dans ses vues et ses résolutions; il y a là, comme partout, des opposants par nature, des compétitions, des ambitieux. Moreau, Gaillard père, Boursier ne demandent pas mieux que de marcher avec Rossel et de s'entendre avec lui, mais Lacord, membre influent et remuant, n'est pas de cet avis; il se plaint sans cesse de Cluseret et de son entourage, de sorte que, selon le jour et l'heure, le Comité est plus ou moins bien disposé pour Rossel et Cluseret.

1. Procès-verbaux des séances du Comité central, enquête parlementaire, tome III

Le comité d'artillerie n'aime pas Rossel ; un nommé Larue, quoique n'ayant jamais été artilleur, est chef du comité. Larue veut traiter de puissance à puissance avec Cluseret et son chef d'état-major ; les tiraillements sont de tous les instants, aussi bien avec la délégation de la guerre qu'avec le Comité central.

A l'égard des légions et de leurs chefs, Rossel n'existe pour ainsi dire pas encore, ils ne connaissent que Cluseret.

Celui-ci, flairant sans doute un rival sérieux dans son chef d'état-major, le traite avec beaucoup de ménagement, mais évite de le produire. Tous deux s'observent avec soin.

Rossel, nous l'avons déjà dit, avait cette faculté de juger les hommes fort vite ; son opinion est souvent haineuse, mais juste parfois ; il dit de Cluseret [1] :

« Son caractère manquait de netteté et son esprit « de décision... il n'a pas su vouloir ni continuer « ce qu'une fois il avait voulu... il a usé jusqu'au « bout sa situation au ministère, peut-être même « l'a-t-il exploitée. Il avait des agents à lui, qui « ne s'occupaient ni de politique ni de guerre, mais « de fournitures, et entre les mains desquels ont « passé plus de 600 000 francs. Ces agents ont dis- « paru après son arrestation... Cluseret n'était pas « un franc révolutionnaire ; c'était un Français su-

1. Papiers posthumes, page 204.

« perficiel, frotté de Yankee et qui, dans la philo-
« sophie yankee, n'avait guère compris que le mot
« Dollar. »

Un chef d'état-major remplit des fonctions multiples, mais il n'a pas le droit d'initiative et n'agit qu'en vertu des ordres de son chef; Rossel, qui acceptait si difficilement la subordination morale de n'importe quelle supériorité réelle, est, à l'égard de Cluseret qu'il méprise, un subordonné parfait, en apparence du moins; il suit ses instructions aussi ponctuellement que le désordre des affaires militaires le permet et accepte toutes les missions.

CHAPITRE X

LA COMMISSION DES BARRICADES PRÉSIDÉE PAR ROSSEL.

Le 12 avril, par ordre du délegué, Rossel préside la Commission des barricades.

La séance est intéressante.

Miot, membre de la Commune, Gaillard père, et quelques officiers du génie des fédérés sont présents.

On discute d'abord le plan d'ensemble de défense de la ville et on convient de commencer par démolir les barricades existantes; elles entravent la circulation des voitures et ne sont plus à la h[illegible]teur de la guerre nouvelle.

Le tracé de deux lignes de barricades est ar[illegible] les lignes feront le tour de la ville et complé[illegible] avec le mur d'enceinte, le chemin de fer de c[illegible] et les boulevards extérieurs, l'ensemble de la défense.

On décide ensuite qu'il y aura deux types de barricades: l'une pour les grandes voies de communication, l'autre pour les petites. Les mesures du fossé, du talus et de la banquette sont rigoureusement déterminées.

La Commission sait que la bataille se décidera à coups de canons ; elle recommande d'éviter les barricades en pavé, car les défenseurs pourraient être blessés par les éclats de pierre détachés par les gros projectiles. Cependant, comme il est bon d'utiliser pour la défense de la Commune tout ce qu'on a sous la main, et qu'il existe dans Paris de grands dépôts de pavés, il reste convenu que le noyau de la barricade pourra être en pierre, mais à la condition expresse que les pavés seront recouverts, du côté de l'ennemi, d'au moins un mètre cinquante de terre franche prise dans le fossé.

Afin de pouvoir construire les barricades d'avance et de ne pas trop gêner la circulation, il y aura toujours, du côté des maisons, un passage assez large pour laisser passer les voitures ou les piétons, selon l'importance de la rue; la barricade ne sera pas d'une pièce, mais divisée en deux parties, afin de permettre aux défenseurs de circuler en avant, les passages contre les maisons devant être bouchés au moment du combat.

Les fouilles de galeries de mines seraient un travail trop long, mais ce n'est pas une raison pour ne pas se servir des fourneaux de mines ; ils seront etablis au fond et sur le côté des égouts : le premier à vingt mètres en avant du fossé de la barricade, avec une charge de quarante kilogrammes de poudre; le second à douze mètres du premier, avec cent kilogrammes de poudre; le troisième à la même distance en avant du second, et ainsi de suite; chaque fourneau devra être amorcé séparément.

L'idée d'employer les égouts comme moyen de destruction germait depuis longtemps dans l'esprit des révolutionnaires; Pindy possédait déjà, sous l'Empire, la recette d'une substance destinée à être jetée dans les égouts pour les faire sauter.

Les municipalités d'arrondissement seront chargées des travaux de leurs quartiers, en ayant soin de se conformer au plan d'ensemble.

Le citoyen Gaillard père fera lithographier le profil réglementaire des barricades pour le livrer au public.

Un membre de la Commission trouve que ce système de tout administrer n'est pas bon : il faut une action immédiate, révolutionnaire au lieu d'une action méthodique, la spontanéité des efforts individuels donnera des résultats plus rapides que les procédés réguliers.

Pour donner satisfaction à ce citoyen et par un tour de phrase habile, la Commission décide que *les barricades doivent être étudiees méthodiquement et exécutées revolutionnairement.*

Comme officier du génie, Rossel était compétent dans la question des terrassements et des travaux de guerre; il fait accepter un type nouveau de barricade, mais, le jour venu, il ne saura ni le faire construire sous ses yeux, ni prendre les armes pour le défendre ; il restera caché dans une chambre, et, au lieu d'aller au combat appliquer sa théorie, il rédigera des notes pour la postérité.

CHAPITRE XI

LA COUR MARTIALE PRÉSIDÉE PAR ROSSEL. — JUGEMENTS.
DÉMISSION DE ROSSEL.

Une cour martiale est instituée par la Commune pour juger les traîtres et les faibles.

Rossel en accepte la présidence.

Ce fut le premier acte important de sa carrière d'insurgé ; jusque-là, son nom avait été imprimé au bas de quelques rapports et les journaux ne s'étaient pas occupés de sa personne ; au point de vue de la publicité et du bruit dont il est avide, il n'avait recueilli aucun profit de sa défection ; c'était toujours un inconnu. Enfin il va sortir de l'obscurité, mais sans atteindre encore la notoriété de ses collaborateurs les Meyer, Lisbonne, Gaillard père, Henry, Mégy, Boursier et autres.

Dans ses écrits posthumes, le colonel Rossel, car c'est ainsi qu'il parle de lui, explique sa situation d'alors. Il sait qu'il sera vivement attaqué, quoi qu'il arrive, d'avoir, lui, soldat jeune et actif, accepté la présidence d'une cour martiale au lieu de marcher au feu ; il déclare que ce fut le plus grand sacrifice qu'il fit à la cause de la Révolution, qu'il eut pour elle le dévouement d'un sectaire et qu'il ne fut guidé que par le programme qu'il s'était tracé : Ne refuser aucune fonction et essayer de relever la discipline par une répression prompte et sévère.

« Ennemi des révolutions, dit-il, les circon-
« stances m'avaient jeté dans une révolution : hais
« sant la guerre civile, je m'étais engagé dans la
« guerre civile.

« Il s'agissait aujourd'hui de présider un tribu-
« nal révolutionnaire, un tribunal qui ne porterait
« que des condamnations à mort. Si j'ai à me dé-
« fendre de l'accusation d'ambitieux, l'acceptation
« douloureuse que je fis de cette charge est peut-
« être l'argument le plus fort que je puisse pro-
« duire.

« Quel intérêt a un ambitieux à se souiller les
« mains?

« J'aurais été un ambitieux bien sot, ou bien dé-
« pourvu d'étude, d'aller ensanglanter mon nom
« dans des fonctions subalternes.

« Il n'y a qu'une explication à ma conduite, c'est
« que je sacrifiais à la Révolution[1]. »

Non, il ne sacrifiait pas à la Révolution ! il sacrifiait à la vanite ; il voulait à tout prix faire parler

1 Papiers posthumes, page 108.

de lui; il voulait que, dans la rue, dans les journaux, à Neuilly où l'on se battait, à Versailles où l'on discutait, on se dise : Quel est donc ce Rossel ?

Il se croit le seul homme de guerre de la Commune. Mais pourquoi donc ne laisse-t-il pas la présidence de la cour martiale à quelqu'autre et ne va-t-il pas commander le feu avec Dombrowsky et appliquer ses talents militaires ?

Cluseret ne l'en aurait pas empêché. C'était là le véritable sacrifice à la Révolution; il ne le fit pas, car, dans son opinion, il ne s'agissait pas de donner sa vie à la Révolution, mais de la conserver pour elle ; nous aurons plusieurs occasions de prouver que telle était sa pensée constante.

Pour le moment, il accepte de présider une cour martiale avec des assesseurs tels que les citoyens Boursier, Collet, Chardon, Gois, Roux, P. Henry et Razoua.

La cour — nous sommes forcés d'employer les expressions d'alors — se réunit et règle elle-même la procédure et les peines.

Contrairement à la pensée de Rossel, les peines qu'on peut appliquer sont :

La mort ;

Les travaux forcés ;

La détention ;

La dégradation civique ;

La dégradation militaire ;

La destitution ;

L'emprisonnement ;

L'amende.

Tous les officiers ou délégués exerçant la police judiciaire martiale devront procéder de l'élection.

La cour juge en dernier ressort.

Ses arrêts sont exécutoires dans les vingt-quatre heures, et, en cas de condamnation à mort, vingt-quatre heures après la sanction de la Commission exécutive.

La jurisprudence martiale est appliquée à tous les faits intéressant le salut public.

Les séances sont publiques.

L'accusé peut être défendu d'office ou par un défenseur de son choix.

Les frais de justice sont à la charge de la Commune.

Un avis, signé Rossel, invite les officiers, sous-officiers et gardes, qui sont licenciés en droit, à se faire inscrire au greffe de la cour martiale, et à assister aux audiences, afin de prêter leur concours pour l'instruction des affaires, la défense ou les fonctions de ministère public.

Voici maintenant les condamnations qui ont été prononcées sous la présidence de Rossel.

Girot, chef du 74e bataillon, est condamné à mort pour avoir refusé de marcher à l'ennemi ; mais la Commission exécutive use de son droit souverain ; elle prend en considération les antécédents démocratiques du condamné, commue la peine en celle de la dégradation civique et militaire, et ordonne que Girot restera en prison pendant la durée de la guerre.

Pothier capitaine, et Loth lieutenant, sont, pour des faits semblables condamnés, le premier à trois ans, le second à un an de prison, et tous deux à la destitution.

Le caporal Séjourné subira dix ans de travaux forcés pour vol dans une maison habitée.

Les magasins d'habillement de l'Ecole militaire sont au pillage; les artilleurs Froc et Guyot sont condamnés à cinq ans de prison pour vols d'effets militaires. Pour toute défense, les accusés allèguent que leurs officiers les autorisaient à voler; le capitaine d'artillerie Lucas reconnaît à l'audience que les hommes sont souvent ivres, car ils sont trop payés. Il demande que pour laver la tache imprimée à l'artillerie fédérée, la Cour lui permette de marcher au feu dès le lendemain.

Le président Rossel est ferme et sévère : un défenseur demande que les accusés soient prévenus au moins vingt-quatre heures d'avance, afin de pouvoir préparer la défense et faire citer les témoins; il réclame pour son client, qui est sur le banc des accusés, une remise au lendemain. Le président refuse la remise, « la Cour martiale ayant, avant « tout, intérêt à juger immédiatement les causes « qui lui sont déférées, vu les circonstances exceptionnelles. »

L'affaire la plus importante fut celle du 105e bataillon, l'un de ceux qui avait un drapeau rouge avec ces mots destinés à donner le change aux naïfs :

Le Faubourg Saint-Germain à ses frères de la Villette.

Dix officiers du bataillon et deux gardes sont accusés de refus de marcher à l'ennemi, de violences et de complicité de violences sur la personne des chefs. De fait, le 105e bataillon, commandé pour un service en dehors de la porte Bineau, s'était mutiné à la place Vendôme; il y avait eu des querelles et des disputes violentes entre les officiers et les gardes.

Rossel voulut frapper un grand coup : les officiers Streff et Durand sont condamnés aux travaux forcés à perpétuité; Desjardin, garçon de lavoir et sous-lieutenant, à cinq ans de prison et :

« Attendu que la faiblesse générale des chefs élus et la lâcheté collective des soldats du 105e bataillon peuvent être imputées à tout le bataillon,

« Le 105e bataillon sera dissous, et son numéro rayé des contrôles de la garde nationale. Les officiers, sous-officiers et gardes de ce bataillon seront versés comme simples gardes dans les autres bataillons, incapables de se présenter à aucune élection civile et militaire, à peine de nullité d'élection.

« Les contrôles du 105e bataillon seront remis au greffe de la cour martiale, et tout garde inscrit sur ces contrôles, s'il est ultérieurement reconnu coupable d'indiscipline ou de refus d'obéissance, sera considéré comme en état de récidive. »

L'arrêt fit du bruit, et la Commune elle-même s'en émut.

Une commission de révision reprit l'affaire, et, par l'influence de Léo Meillet, membre de la commission, l'arrêt fut cassé; la sentence s'appuyait sur ces faits :

« Que la cour était irrégulièrement composée, car deux membres avaient été arbitrairement désignés ;

« Que le président Rossel était chef d'état-major du délégué de la guerre, partie plaignante,

« Que, de plus, comme fils de l'ancien commandant du 105e bataillon[1], la délicatesse, autant que la justice, imposait au président Rossel de se récuser. »

Ces considérants sont curieux à noter; ce n'était certes pas l'amour du droit et de la justice qui les avait dictés, et on ne peut y voir qu'une de ces nombreuses intrigues de compétition et de jalousie fréquentes sous la Commune.

Le coup était dirigé contre Rossel; il était dur pour lui de se voir rappeler publiquement à l'ordre, à la délicatesse et à la justice; il fut blessé au vif

1. Le père de Rossel avait en effet commandé le 105e bataillon jusque vers la fin du siége.

et donna sa démission de président de la cour martiale et de chef d'état-major du délégué à la guerre.

Rien sous la Commune ne pouvait être juste, mais quelque imparfaite que fût cette cour martiale, quelque présomptueux que paraissent des arrêts qui condamnent à dix ans de travaux forcés, alors que l'échafaudage s'écroulait déjà, quelque indignes que fussent les juges, il valait encore mieux être traduit devant la cour que d'être obscurement jugé dans la prison d'un secteur ou dans la casemate d'un fort. Ceci n'atténue en rien la conduite de Rossel, qui ne donne sur cette période que des explications inacceptables et contradictoires.

Comme président, il se montra très-sévère; sans cesse il rappelle qu'il faut une obéissance absolue et que jamais les inférieurs ne doivent discuter les ordres des chefs.

Qu'eût-il répondu, si un accusé, rempli d'indignation, lui eût lancé à la face ces mots :

« Vous dites qu'il ne faut pas discuter les ordres des supérieurs? Que fîtes-vous donc à Metz ? Et si vous vous êtes donné le droit de conspirer contre des chefs que vous jugiez indignes, n'ai-je pas le droit, moi qu'on est venu chercher de force, de refuser de marcher pour cette Commune que je trouve indigne?

— Vous dites que l'obéissance doit être absolue? Mais vous m'avez donné vous-même l'exemple de l'indiscipline, vous l'avez poussee jusqu'au plus grand crime qu'un soldat peut commettre, puisque vous avez abandonné votre drapeau et que maintenant vous le combattez? »

CHAPITRE XII

ROSSEL DÉLÉGUÉ AU MINISTÈRE DE LA GUERRE.
ARTICLE DE *l'Estafette.*

Depuis le commencement du mois d'avril, Cluseret remplissait les fonctions de ministre de la guerre.

La Commune était fatiguée de cette personnalité bruyante, et Cluseret, battu en brèche par le Comité central, était hautement accusé de trahison et de connivence avec Versailles.

Le fort d'Issy avait été évacué par ordre de son commandant Mégy, et, quoique Cluseret eût marché et réoccupé le fort, la Commission exécutive saisit cette occasion pour destituer le délégué à la guerre et le décréter d'accusation.

A ce propos, Rossel écrivit une lettre aux journaux, pour protester contre les soupçons qui accablaient son ancien supérieur.

Le Comité central, toujours en lutte sourde avec la Commune, trouva les circonstances bonnes pour essayer de s'emparer d'une façon définitive de la direction militaire ; il délégua auprès de la Commune quelques-uns de ses membres ; la question fut carrément posée ; le Comité argumentant des services rendus, de sa popularité, de sa force, de sa compétence, du désordre des affaires militaires qui devenait un péril grave, proposa à la Commune la suppression pure et simple de la délégation de la guerre et son remplacement par le Comité central tout entier, qui prendrait en main la direction des services administratifs et la conduite des operations de guerre.

La Commune refusa, par sentiment de conservation personnelle et la nomination de Rossel parut à l'*Officiel*.

La lettre qui suit fut publiée par tous les journaux de l'époque :

« Aux citoyens membres de la Commission exécutive.

« Citoyens,

« J'ai l'honneur de vous accuser réception de l'ordre par lequel vous me chargez, à titre provisoire, des fonctions de délégué à la guerre.

« J'accepte ces difficiles fonctions, mais j'ai besoin de votre concours le plus entier, le plus absolu pour ne pas succomber sous le poids des circonstances.

« Salut et fraternité.

« *Le colonel du génie,*

« Rossel.

« Paris, le 30 avril 1871. »

On le voit, Rossel n'était pas resté longtemps dans la retraite. Sa nomination avait été décidée par l'influence de Gérardin et surtout de Delescluze.

Comment Rossel va-t-il, dans ses mémoires posthumes, expliquer cette nouvelle phase de son histoire, car il cherche à tout expliquer?

Il dit que Gérardin s'était ouvert à lui d'un projet qui consistait à annuler la Commune en donnant le pouvoir, sous un nom quelconque, aux membres jeunes et résolus de cette assemblée, que, d'un autre côté, des républicains systématiques et qui n'avaient pas participé aux actes de la Commune lui proposèrent spontanément leurs systèmes, leur concours et même leur expérience financière.

« Je me trouvai ainsi le centre d'un mouvement « incohérent, divers, et dont le mot d'ordre in- « conscient était « *Sauver la Révolution en annulant* « *la Commune.* » Je laissai faire; j'étais aussi en- « nemi de la Commune qu'ont jamais pu l'être les « républicains sensés et je croyais toujours que la « Révolution pouvait et devait être salutaire[1]. »

Trop habile est cette déclaration faite après coup; Rossel veut mettre dans son jeu les républicains sensés et les hommes d'ordre en se posant comme adversaire de la Commune; mais nous prenons acte qu'ennemi de la Commune, s'imposant la tâche

1. Papiers posthumes, page 119.

de l'annuler, il accepte d'elle le commandement militaire supérieur, et que c'est avec les forces qu'elle lui confie, qu'il pense arriver à ses fins.

La reconnaissance est légère à qui trahit son devoir, et qu'est-ce donc que se jouer de ses complices pour un soldat qui a perdu le sentiment de l'honneur jusqu'à déserter son drapeau ?

L'avénement de Rossel au pouvoir produisit peu d'effet à Paris ; il en causa davantage à Versailles, non sur les hommes énergiques, mais sur le public oisif et raisonneur.

Les fédérés étaient depuis longtemps blasés sur les nominations et les changements de personnes et de fonctions si fréquents alors ; ils ne connaissaient que le Comité central et leurs chefs militaires et volontiers auraient donné toute la Commune et les Commissions et les Délégués, pour un Dombrowski, un Eudes ou un Mégy, à la condition bien entendu de toujours être régulièrement payés.

A cette époque, le 1er mai, les affaires de la Commune allaient mal.

Le vaisseau faisait eau et déjà l'on pouvait calculer le moment où il disparaîtrait dans le flot.

Il y eut d'orageuses discussions aux réunions de l'Hôtel de Ville, le parti avancé, car dans cette assemblée il y avait un parti relativement modéré, voulait mettre en usage tous les moyens révolutionnaires jadis usités et proposa la création d'un

Comité de salut public. Le Comité fut voté et la Commission exécutive disparut.

On espérait, en evoquant un grand souvenir revolutionnaire, imprimer au mouvement une forme nouvelle : il n'en fut rien ; les mots eux-mêmes n'avaient déjà plus de prestige.

Ant. Arnaud, Ch. Gérardin, Félix Pyat, Léo Meillet, G. Ranvier, composèrent le Comité qui avait les pouvoirs les plus étendus sur toutes les commissions de la Commune et sur les délégués aux divers ministères. Ce n'était pas là le rêve de Rossel et de son ami Gérardin, car Léo Meillet et Félix Pyat étaient notoirement les adversaires du nouveau délégué à la guerre, mais celui-ci accepta la situation; il tenait enfin ce pouvoir tant souhaité !

Les journaux enregistrèrent sans commentaires la nomination de Rossel. L'*Estafette* seule publia un article intéressant sur son compte ; il renferme quelques erreurs biographiques : Rossel ne sortit pas dans les premiers de l'École polytechnique ; il n'a pas été décoré et n'a pas eu la chance de figurer sur les champs de bataille, ce fut un malheur. Un soldat reste fidèle au drapeau déchiré qu'il a défendu, et si Rossel avait éprouvé les saines émotions du combat, son âme eût retenu les échos du canon et ce souvenir l'aurait préservé de la défaillance.

Nous reproduisons l'article de l'*Estafette.*

« Rossel, délégué à la guerre[1].

« Je crois que cette fois-ci la Commune a eu la main heureuse et qu'elle a trouvé son de Moltke.

« Rossel est une des organisations les plus merveilleuses qu'il soit possible de rencontrer.

« Je me souviens qu'il y a douze ans, lorsque nous usions sur le même banc, au Prytanée militaire, nos fonds de pantalon rouge, il résolvait en quelques minutes des problèmes qui demandaient une heure de réflexion à ses autres condisciples.

« Dans tous les concours, il fut constamment le premier des jeunes gens de son âge.

« J'avouerai même que moi, qui fus toujours un réfractaire, j'avais conservé son nom comme un type de ceux que Vallès appelle des têtes à concours. J'ai en effet quelque défiance à l'égard de ces lauréats qui acceptent si facilement les idées reçues et qui montrent peu d'initiative pour la recherche des voies nouvelles. Toutefois, en évoquant mes souvenirs, je me rappelle que ce travailleur infatigable, après avoir payé son tribut à la science officielle, s'adonnait avec ardeur à je ne sais quelles etudes mystérieuses. Dejà, sans doute, s'agitaient dans le cerveau de ce chercheur taciturne des plans inédits, des problèmes insondés.

1. L'*Estafette* du 3 mai.

« Depuis, ayant eu occasion de le revoir, je me suis persuadé que ce jeune homme est une individualité puissante.

« Né en 1843, il n'a donc que 28 ans. Élève du Prytanée, il passa par l'École polytechnique, d'où il sortait avec le n° 1. D'autres prétendent qu'il eut le n° 2, mais cela me paraît impossible. Puis il entra à l'Ecole d'application.

« Officier du génie lors de la dernière guerre, il se distingua à l'armée du Rhin, fut décoré sur le champ de bataille, échappa à la honte de Sédan, puis à celle de Metz, par je ne sais quelle combinaison que lui seul pouvait imaginer.

« Nommé colonel du génie par Gambetta, il ne voulut pas servir les royalistes et il est venu offrir son concours à la République.

« Comme opinions politiques, je ne connais pas le fond de sa pensée, mais je le crois un adepte du socialisme scientifique dont la tradition s'est conservée à l'École polytechnique depuis Considérant.

« Au physique, il a tous les caractères de la race anglo saxonne à laquelle son nom, d'ailleurs, le rattache; son teint pâle, sa barbe d'un brun fauve, ses cheveux ras rappellent le portrait d'Henri VIII du Titien. Sans doute, il est né sous la planète Mars, comme les hommes de sa nuance qui sont de rudes lutteurs, Proudhon, par exemple, suivant les doctrines de Desbarolles. Il a le cou très-court, ce qui annonce un homme d'action, car le cœur est près du cerveau, si l'on en croit la théorie de Balzac à cet égard.

« Roide, fatidique, glacial, sa parole donne le frisson.

« C'est un puritain sincère et sans ostentation.

« L'autre jour, me trouvant, par hasard, dans son cabinet, il me mit la main sur l'épaule pour m'attirer dans une embrasure et je me crus don Juan en face de la statue du commandeur.

« En effet, ce travailleur austère est pour moi un remords. Il est l'incarnation du devoir, et je ne me pardonne pas d'avoir dans mes études et dans ma carrière agitée, obéi trop souvent aux caprices de mon imagination et de ma fantaisie.

« J'estime que de tels hommes sont faits pour raffermir les courages et inspirer la confiance. C'est un de ces officiers à la prussienne, un officier à lunettes, très-fort sur les X et devant lesquels nos traîneurs de sabre, nos héros d'estaminet, auraient dû s'incliner depuis longtemps.

« Si la France peut être sauvée, c'est que la génération nouvelle aura produit des hommes de cette trempe. »

Cet article n'eut aucune portée, le journal l'*Estafette* étant peu répandu.

CHAPITRE XIII

LE COMITÉ CENTRAL AU MINISTÈRE DE LA GUERRE. — FORCES ARMÉES DE LA COMMUNE. — INFANTERIE. — ARTILLERIE. — COMMANDEMENTS SUPÉRIEURS.

Voilà donc Rossel chef des forces insurrectionnelles de Paris.

Il accepte cette fonction en pleine connaissance de cause; comme chef d'état-major général, il connaît mieux la situation que le Ministre lui-même; il a vu de près les soldats qu'il va commander; il sait les compétitions, le désordre; aucun détail n'a pu lui échapper; les illusions lui sont interdites, et cependant il accepte, il espère et le succès lui paraît possible.

C'est qu'il s'aveugle sur son propre caractère; il se croit homme de guerre et d'énergie, il n'est ni l'un ni l'autre : son unique acte d'énergie fut sa désertion et encore dans cet acte il n'a eu devant lui aucun obstacle matériel, et, pour être homme de guerre, il ne suffit pas d'avoir étudié les maîtres et rédigé des programmes.

Il a vu succomber Cluseret, mais il s'estime plus fort et pense qu'à lui seul, avec le génie révolutionnaire dont il se croit doué, il vaincra notre armée, annulera la Commune, domptera le Comité central.

Pour atteindre son but, il commence par se ménager les deux pouvoirs rivaux; il va à l'Hôtel de Ville, et là, devant la Commune réunie, il prononce un discours; nous regrettons de ne pas connaître ce morceau d'éloquence qui arracha « des transports « d'applaudissements à cette assemblée quinteuse « qui n'était pas insensible à la vérité dite sans « ménagements et sans ambages[1]. » Après quoi on alla dîner.

Le Comité central n'est pas content, le Ministère de la guerre lui a échappé, il voit d'un mauvais œil le nouveau délégué et se dispose à le battre en brèche; inutile préoccupation, Rossel plus habile que Cluseret, accepte la collaboration directe du Comité pour tous les services administratifs du ministère, il annonce lui-même dans l'*Officiel* la nouvelle organisation et la motive sur :

« La convenance de séparer absolument l'administration du commandement et la nécessité d'employer de la manière la plus efficace, non-seulement la bonne volonté, mais la haute autorité révolutionnaire du Comité central de la fedération. »

1. Papiers posthumes, page 108.

N'osant tenir le loup par les oreilles, il hurle avec lui et lui fait la part belle : Bergeret prend l'habillement, Tridon l'intendance, Avrial l'artillerie, Henry les mouvements et l'organisation des troupes. Gaillard père — car c'est par Rossel que cet individu fut officiellement investi — est nommé chef des barricades avec mission spéciale de construire trois « citadelles » au Trocadéro, à Montmartre et au Panthéon.

Rossel pense faire un acte politique en acceptant ainsi la coopération de tous les instants, et dans ses bureaux de ce Comité central qui ne pouvait qu'augmenter la confusion et le désordre, si c'était possible; bientôt il voudra s'en débarrasser, mais il fléchira au moment décisif.

Nous allons essayer, pour bien faire comprendre la situation que Rossel accepta de plein gré et qu'il connaissait mieux que personne, de rendre compte de l'état des affaires militaires de la Commune au commencement de mai, tant au point de vue des forces armées que des opérations de guerre.

Cluseret avait ordonné l'enrôlement sous le drapeau rouge de tous les hommes âgés de dix-huit à quarante ans, et les avait divisés en légions de marche et en légions sédentaires.

D'après un état officiel, mais incomplet, on avait

incorporé, à la date du 2 mai, 190 500 hommes, dont la moitié environ étaient dans les légions de marche. Sur ce chiffre de 190 500 il y avait près de 28 000 absents, 14 000 pour causes diverses et autant de réfractaires.

Les légions de marche comptaient, comme présents sous les armes, environ 75 000 fédérés et 3500 officiers, et les légions sédentaires 77 500 hommes et 3250 officiers.

Dans ce détail, il manque les états d'au moins cinquante bataillons; les chiffres sont ceux qui existent sur le papier et qui servaient à régler la solde.

Si l'artillerie avait toujours manqué aux insurrections précédentes, la Commune, en revanche, avait tant de canons qu'elle ne savait comment les utiliser.

Dans les premiers jours de mai, les fédéres possédaient 1047 pièces d'artillerie; 726 étaient dans les parcs, sur les places publiques, dans les casernes, et 321 pièces étaient au service, ainsi distribuées:

Aux postes avancés,	82
Dans les forts,	63
Sur les bastions de l'enceinte,	186

Les types présentaient vingt-sept variétés différentes; les canons les plus sérieux étaient ceux du calibre sept rayé, fondus pendant le siége; il y avait 147 pièces de ce modèle.

Plus de 5000 artilleurs — sur le papier — étaient censés faire le service; en réalité, le nombre de ceux qui servaient les pièces était fort minime; les autres se contentaient de toucher la haute paye.

Le génie formait deux compagnies, commandées par des ingénieurs militaires; elles devaient être fortes chacune de 120 hommes. On avait décidé d'organiser en plus, à l'Ecole militaire, dix compagnies de la même arme, composées exclusivement des militaires restés à Paris.

En souvenir du siége, la Commune avait créé une compagnie de dynamiteurs.

La cavalerie ne comptait que 449 chevaux.

Les corps francs à pied, troupe déterminée, mais d'une composition exécrable, formaient un paquet de 3350 hommes et de 110 officiers.

Même dans une armée régulière, il est fort difficile de déterminer le chiffre des combattants; après la bataille, vainqueurs et vaincus ne sont jamais d'accord, et chacun présente de ses forces et de celles de l'adversaire un tableau différent. Nous n'avons pas la prétention de donner même approximativement le chiffre des véritables combattants de la Commune, au moment où Rossel fut nommé délegué à la guerre, et les chiffres que nous inscrivons sont tout simplement ceux des papiers officiels de la Commune, et qui formaient la base des etats de solde.

Cette armée coûtait par jour 500 000 à 550 000 fr., sans compter les approvisionnements de toute nature qu'on prenait dans les magasins de l'Etat et les nombreuses réquisitions restées impayées.

Rossel distribua les commandements :

Dombrowski resta à Neuilly, et reçut la direction des opérations de la rive droite.

Wrobleski commanda l'aile gauche.

La Cécilia, le centre.

Bergeret, la 1re brigade de réserve, avec son quartier général au Corps législatif.

Eudes, la 2e brigade de réserve; quartier général à la Légion d'Honneur.

Tous ces individus sont qualifiés de généraux dans l'arrêté de Rossel, quoique ce titre ait été aboli par la Commune.

CHAPITRE XIV

SITUATION DE L'ATTAQUE ET DE LA DÉFENSE A L'ÉPOQUE OÙ ROSSEL PREND LE COMMANDEMENT SUPÉRIEUR.

La situation de l'attaque et de la défense, vers le 1er mai, se présentait ainsi:

Les forces de la Commune occupaient tous les forts de la rive gauche et, en avant des forts, les redoutes des Hautes-Bruyères et du Moulin Saquet. Le fort d'Issy. un moment abandonné, avait été réoccupé.

L'armée, au sud de la place, canonnait surtout Issy et Vanves et se battait dans les alentours du fort d'Issy qu'elle tentait de tourner et d'isoler ainsi de l'enceinte continue et du fort de Vanves.

A Neuilly, nous étions environ à la hauteur du milieu de la rue Perronnet; l'état de la rue Chézy, entièrement détruite, dit assez l'acharnement réciproque déployé dans ces parages; nous cheminions lentement par les maisons et les jardins.

Le Mont-Valérien et nos batteries de Courbevoie

tiraient sur la porte Maillot et les alentours, mais, dans l'avenue de Neuilly, nous etions encore à bonne distance de l'enceinte, qui eût été très-difficilement abordable.

Vers cette époque, nos batteries de Meudon et celles de Saint-Cloud, vraiment formidables, commencèrent à canonner très-vivement le front de l'enceinte au Point-du-Jour et à Passy.

Le plan était d'attaquer le corps de place par le bois de Boulogne, mais, avant de tenter l'assaut et même d'établir les batteries de brèche sur le glacis, il fallait rendre le rempart absolument intenable; or, la partie de l'enceinte comprise entre la Seine et la Muette est dominée par les collines de la rive gauche du fleuve et peut être prise d'enfilade par un feu partant des hauteurs d'Issy; il était donc nécessaire de s'emparer du fort afin d'installer nos batteries dans les environs et de battre ainsi d'enfilade le chemin du rempart et ses abords, en même temps que les canons de Saint-Cloud battraient de plein fouet les mêmes points.

Un assaut est toujours une opération difficile et chanceuse, et comme, dans les circonstances, il était de la plus haute importance de ne pas exposer nos troupes à un échec, il avait été convenu que l'assaut ne serait pas donné au fort d'Issy, mais qu'on réduirait l'ouvrage en l'isolant de Paris et du fort de Vanves; dans ce but, nos troupes livraient sous Issy d'incessants combats pour s'emparer des maisons et des jardins.

En réalite, quelque sérieuses que parussent nos attaques dans l'avenue et les rues de Neuilly, nous ne faisions là qu'une diversion destinée à maintenir sur ces points une notable partie des forces insurgées et notre objectif véritable était le rempart vers le Point-du-Jour, et, comme conséquence, le fort d'Issy.

La Commune, soit par ignorance de notre plan, que du reste fort peu de personnes à Versailles semblaient comprendre, soit parce que la bataille dans Neuilly convenait mieux au tempérament des insurgés, tenait très-solidement, il faut le reconnaître, cette partie de ses défenses; il se livrait là une guerre de rues des plus sérieuses; on se battait de barricades à barricades à coups de canons et de maisons à maisons; la fusillade ne discontinuait pas et nos troupes n'avançaient que pied à pied; la place ne courait, de ce côté, aucun danger immédiat et cependant la Commune maintenait dans ces quartiers beaucoup d'artillerie et de troupes et ses meilleurs généraux. C'est tout ce que nous demandions.

Il n'en était pas de même vers Issy; cette situation ne pouvait échapper à Rossel et l'intérêt de la cause qu'il avait embrassée lui imposait le devoir impérieux de déployer sur la rive gauche la plus grande vigueur.

CHAPITRE XV

ADMINISTRATION DE ROSSEL. — PROJETS DE RÉFORMES ET D'ORGANISATION.

Le délégué à la guerre pense qu'avant tout il faut opérer des réformes radicales dans les services militaire; il entreprend une réorganisation générale de l'infanterie, de l'artillerie, de la cavalerie, de la discipline, des officiers et de la solde, mais il ne mène à but aucun de ses projets.

La solde était l'arche sainte des fédérés : sans solde, pas de légions, pas de Vengeurs, pas de peuple, pas de Commune. Rossel trouve la paie trop élevée, il n'admet pas que le peuple, combattant ou non, soit aux gages de la Commune et veut appliquer aux fédérés le tarif de l'armée légèrement augmenté, sauf à donner une indemnité aux femmes et aux enfants des gardes.

C'était bien peu connaître l'esprit de la population insurgée. Le Comité de salut public mieux avisé refusa la réforme.

La force des légions était très-inégale ; les unes avaient sept ou huit bataillons, les autres vingt-cinq : Rossel propose de former des regiments de 2000 hommes divisés en cinq bataillons et de donner un canon à chaque bataillon. Le régiment, qu'on aurait appelé demi-brigade en souvenir de la grande Révolution, serait devenu une unité tactique et administrative.

Le comité central et les chefs de légions sont émus, ils craignent pour leur autorité et leurs galons : supprimer la légion ne serait rien moins que la désagrégation des forces d'un même quartier ; on flaire même quelque coup d'état et l'affaire devient si grave qu'elle est portée devant la Commune. Rossel est appelé à l'hôtel de ville ; il donne des explications et abandonne son projet, sur l'injonction du Comité central.

La nombreuse artillerie de l'insurrection était éparpillée dans tout Paris ; sans compter les forts, les bastions et les postes avancés, il existait, de Montmartre à la place d'Italie, et du faubourg Saint-Antoine à la place Wagram, plus de vingt endroits où les fédérés considéraient avec orgueil leurs trophées. Les parcs d'artillerie étaient presque des musées : on y voyait des canons rayés de tous les calibres, du quatre au trente, des canons lisses de douze et de seize, des canons à verroux, des mortiers de 15 à 32 centimètres, des obusiers de sept à quinze, des biscaiennes Warral, des mortiers crapauds, des mitrailleuses Christophe, Warral, Decostère et d'autres encore.

Les armes à feu portatives étaient en profusion ; on avait donné 55 000 revolvers, sans aucun contrôle, aux premiers venus qui allaient en demander ; on puisait à volonte dans les dépôts de munitions; enfin 5000 prétendus artilleurs, qui ne faisaient rien, touchaient la solde.

Rossel déclare qu'il faut mettre ordre à tout cela ; il ordonne la concentration du matériel à l'École militaire et met toutes les batteries sous les ordres directs de la place, qui seule pourra viser pour payement les états de solde des artilleurs ; les munitions ne seront delivrées que sur la signature de certains fonctionnaires désignés et, faute par les directeurs, chefs de parc et gardes-magasins de présenter un rapport détaillé sur le matériel et la fabrication, ces agents seront révoques.

C'était une rupture complète avec le Comité central de l'artillerie, dépouille ainsi de la plus précieuse de ses attributions, le service de la solde. Ce Comité avait des prétentions hors ligne; il traitait Rossel de dictateur, voyait partout « d'épouvantables trahisons, » se glorifiait d'avoir découvert tout le matériel de l'artillerie. « A moi, disait-il, appartient la pensée heureuse d'avoir donné à la Commune l'artillerie dont elle avait besoin et mis la force au service du droit. » Le citoyen A. Rastoul était le seul connu parmi tous ces gens qui, malgré leurs cris, leurs rapports et leur activité, ne parvinrent pas à se faire une notoriété révolutionnaire.

Si les armes et les canons abondaient, les chevaux étaient rares. Rossel tenait essentiellement à organiser une cavalerie de quelques milliers d'hommes; pour se procurer des chevaux, il fit des tentatives de diverses natures. Pour le moment, nous ne citerons que la réquisition des chevaux de selle et la defense de laisser sortir des lignes les chevaux de toutes espèces. Afin de hâter l'organisation de la cavalerie, les cavaliers furent habillés avec des uniformes de hussards trouvés dans les magasins, et, en attendant les chevaux, le délégué ordonna de recruter les hommes et de les enrégimenter par pelotons de cinquante-cinq cavaliers et par escadrons de quatre pelotons.

Les officiers d'état-major de la Commune étaient de singuliers personnages; Cluseret ne les aimait pas et se plaignait d'eux souvent. Son opinion est résumée dans la lettre suivante :

« Général,

« On se plaint généralement, et spécialement à la Commune, de votre état-major général, trop somptueux, et qui se montre sur le boulevard avec des *cocottes*, des voitures, etc., etc.

« Je vous prie de donner un vigoureux coup de balai à tout ce monde-là.

« Vous êtes compromis par eux, et, avec vous, moi et notre principe.

« *Le délégué à la guerre,*

« E. Cluseret. »

Rossel veut modifier la composition de ce corps et décide que les officiers passeront des examens devant un jury présidé par le citoyen Arnold, membre de la Commune et du Comité central; mais sur quels points de connaissances militaires pourra-t-on interroger ces brillants officiers qui promènent sur les boulevards leurs uniformes aux revers rouges?

Le délégué s'en tire en homme d'esprit; il ordonne que l'examen portera sur la valeur morale, intellectuelle et politique des candidats, et que dans deux mois ils auront à faire preuve « de leurs connaissances des règlements, des principes et des détails de la guerre. »

Tous ces projets restèrent à l'état de lettre morte. On verra plus loin comment Rossel entendait faire respecter la discipline et exécuter les ordres militaires.

CHAPITRE XVI

OPÉRATIONS MILITAIRES. — LE MOULIN SAQUET. — LE FORT D'ISSY. — LES DÉPÊCHES TÉLÉGRAPHIQUES.

Nous avons essayé de nous rendre compte des opérations de guerre exécutées en suite des ordres de Rossel et de leur valeur au point de vue des intérêts de la Commune ; nous n'avons trouvé rien, absolument rien, à mettre à son actif.

Sans doute les ordres n'étaient pas exécutés, sans doute, malgré les décrets et les résolutions, les empiétements d'un pouvoir sur l'autre étaient perpétuels ; sans doute il n'y avait ni unité d'impulsion, ni unité de commandement, mais Rossel n'en est pas moins responsable ; il le reconnaît lui-même, car, comme chef de légion, puis comme chef d'état-major général, il avait vu comment les choses se passaient, et en prenant le commandement, il prenait de plein gré la responsabilite.

Rossel se préoccupait peu, et en ceci il avait raison, des attaques de Neuilly et d'Asnières, et vit bien que l'effort principal de nos troupes portait sur le fort d'Issy; le citoyen Mégy, commandant supérieur du fort, fut relevé de ses fonctions et remplacé par son digne émule, le citoyen Eudes; le colonel Brunet, commandait en second.

Ces nominations avaient été faites par Rossel en vertu d'un decret de la Commune donnant au Comité central le droit de proposition aux emplois, mais réservant au délégué les nominations et la direction des opérations militaires; le général Eudes eut le commandement du fort et La Cecilia fut chargé de conduire les opérations extérieures destinées à en dégager les abords, et même, en cas de succès, à poursuivre l'ennemi au delà du village.

A peine entré dans le fort, le général Eudes prit peur et accabla de ses dépêches toutes les autorités de la Commune; il demandait des renforts, des vivres, des canons. Rossel lui fit parvenir des sacs à terre et trois compagnies du génie, et ne pouvant faire davantage, lui envoya, pour le consoler, une forte provision de tabac.

Le délégué monta à cheval et se rendit de sa personne au fort; une chute de cheval peu grave le retarda et il ne put en franchir le pont-levis qu'à la tombée de la nuit; il était accompagné de trois bataillons « glanés en chemin. » Cette chute de cheval donna lieu au bruit qui courut le lendemain, que Rossel avait été blessé; l'*Officiel* rectifia.

Le général Eudes reçut des instructions verbales qui le lendemain lui furent notifiées en une longue lettre, car Rossel aimait à écrire, le général devait se borner à rester sur la défensive et à repousser l'assaut; cette mission l'émut au point que, quelques jours après, il quitta sa casemate et rentra dans Paris, laissant le commandement à son chef d'état-major Collet.

Rossel retourna plusieurs fois à Issy; il fut convaincu que le fort était perdu et résolut alors de prendre l'offensive. Nous n'avions pas encore enlevé l'importante position du lycée. Rossel prescrivit d'y faire des retranchements, mais les ouvriers, gênes par notre feu abandonnèrent les travaux.

Le général La Cécilia était au Petit-Vanves, il reçut l'ordre de réunir ses hommes à trois heures du matin pour marcher en avant et aller, sous les yeux du délégué à la guerre, débusquer de leurs positions les troupes de l'armée de Versailles; l'expédition fut bien vite terminée, car La Cécilia ne parvint même pas à réunir ses bataillons.

Semblable mésaventure arriva quelques jours plus tard; « l'ennemi, dit Rossel[1], enveloppait le fort d'Issy d'attaques aventureuses si imprudentes, dont je le punirais si j'avais la moindre force militaire disponible. » Les chefs de légions lui promirent 12 000 hommes il en vint 7000. Rossel renonça à l'entreprise.

C'est à ces puériles tentatives que se bornent les efforts de Rossel pour sauver le fort d'Issy dont le

1 Lettre du 9 mai.

sort avait une si grande importance stratégique.

Du reste, depuis que Rossel avait pris le commandement supérieur, les fédérés n'avaient cessé de subir des échecs graves; ils occupaient la gare de Clamart, en avant du fort, et le château d'Issy, sur le côté. Mais, la même nuit, du 1er au 2 mai, les deux positions furent enlevées. Les insurgés laissèrent trois cents morts sur le terrain et environ quatre cents prisonniers.

La nuit suivante, ce fut le moulin Saquet; toutes ces affaires avaient singulièrement refroidi la très-problématique ardeur des fédérés pour les opérations offensives.

Nos troupes occupaient les villages de Bagneux, l'Hay, Chevilly et presque toute la ligne tenue jadis par les Prussiens; les fédérés, sous les ordres directs du général Wroblewski, étaient dans les forts et les redoutes.

Dans la nuit du 3 au 4 mai, nos soldats s'emparèrent d'un coup de main de la redoute du Moulin-Saquet; ils tuèrent ou blessèrent 200 insurgés. Quelques centaines de fédérés, avec huit canons, furent pris et amenés à Versailles, et la redoute, qui nous était complétement inutile, fut abandonnée. Léo Meillet, membre de la Commune, commandait en chef le fort de Bicêtre; il fit sortir un bataillon, qui réoccupa le Moulin-Saquet; ce fut le plus grand exploit de ce citoyen.

Rossel met cet échec sur le compte de la Commune, en la personne de Félix Pyat. La Commune, très-préoccupée du fort d'Issy, y avait envoyé Dombrowski, il n'y resta que quelques heures; Wroblewski avait aussi reçu l'ordre direct du Comité de Salut public de se rendre au fort, et c'est precisément pendant que ce chef était éloigné de son commandement, qui comprenait le Moulin-Saquet, que la redoute fut enlevée.

Rossel se plaignit amèrement de ces ordres militaires émanant en droite ligne du Comité de Salut public; Dombrowski retourna vers Neuilly, et Wroblewski sur la Bièvre.

Il fallait réparer l'effet moral produit par la prise du Moulin-Saquet; de tous côtés, on criait à la trahison, à l'incapacité.

Rossel mit en jeu le moyen usité alors : il fit couvrir Paris d'affiches, et annonça que nous avions été battus à Clamart et au château d'Issy, et que les travaux du fort marchaient avec une grande activité.

A l'exemple de Cluseret, Rossel usait largement des dépêches militaires; toutefois, il n'a pas poussé l'impudence jusqu'à annoncer que la batterie du Trocadéro avait fait brèche au Mont-Valérien.

Du 1er au 10 mai, nous avons lu sur les murs de Paris et dans l'*Officiel* de la Commune, sous la rubrique, Rapports militaires :

« Asnières.

« De huit heures du soir jusqu'à onze heures du matin, les troupes de Versailles ont attaqué les nôtres. L'ennemi a été refoulé avec de grandes pertes de son côté. Le 174e bataillon a eu 2 tués et 3 blessés. »

« Montrouge, 2 mai.

« Grange Ory attaquee par Bagneux. Versaillais repoussés....

« Esprit des troupes excellent. »

« Asnieres, 2 mai.

« Wagons blindés fouillent Asnières.

« Deux heures. — Combat vif; ennemi repoussé. »

« Neuilly.

« Quatre heures, combat d'artillerie; excellent succès pour fédérés. »

« Vanves, Issy.

« Ruraux répoussés vigoureusement. »

« Montrouge.

« Attaque versaillaise côté Bagneux, ennemi repoussé. »

Un autre jour, le 4 mai, comme par enchantement nos batteries sont éteintes.

« Vanves, Issy.

« Fusillade, canonnade bien nourries, batteries fédérées éteignent les feux ennemis. »

« Neuilly.

« Nos batteries font énormément de mal aux soldats de Thiers.

« Deux batteries ennemies démontées. »

« Asnières.

« Grêle de projectiles sur nos positions ; pas de victimes.

« Feux versaillais vivement éteints. »

« Montrouge.

« Canonnade par intervalle ; feu du bas Fontenay éteint. »

Ainsi, à en croire les dépêches, au même moment, depuis Montrouge jusques et y compris Asnières, notre feu est éteint sur toute la ligne ; il est bon de faire remarquer que ce jour était précisément celui où fut connue l'affaire du Moulin-Saquet.

Les jours suivants, selon les dépêches de la Commune, nous sommes encore battus, et cependant

Rossel et les chefs ne pouvaient ignorer que nos progrès étaient très-importants.

Pour relier les forts de Vanves et d'Issy, on avait construit pendant le siége étranger des travaux de retranchements et un épaulement à gauche du chemin de fer, près de la station de Clamart; ces ouvrages étaient occupés par les fédérés le 6 mai, ils sont enlevés, principalement par nos marins, et aussitôt retournés contre l'ennemi; le colonel Leperche et le jeune duc de Broglie furent blessés dans cette affaire.

D'heure en heure la situation de la Commune empirait, néanmoins on ne constatait dans Paris aucun symptôme apparent de découragement.

CHAPITRE XVII

ORDRES DE ROSSEL RELATIFS AUX PARLEMENTAIRES, A LA DISCIPLINE ET AUX RÉFRACTAIRES.

Nous le répétons : Rossel n'est pas un homme d'action, c'est un rédacteur; il n'a d'énergie que dans son bureau et croit avoir fait assez quand il a écrit des ordres et des menaces.

Il écrit beaucoup trop ; il vise le succès et l'obtient, car il a de l'esprit, de la verve, de l'à-propos. Sa phrase éclate sonore, mais creuse; c'est une fanfare suivie d'une décharge à poudre.

Nous avons suivi le délégué à la guerre dans ses actes ; voyons-le maintenant dans sa correspondance officielle et dans ses ordres du jour.

La pensée de Rossel sur des points importants, les parlementaires, la discipline, l'exécution des ordres, se trouve nette et claire dans ces curieux documents.

Le colonel Leperche, officier de bravoure et de distinction, somme, au nom du maréchal Mac-Mahon, le fort d'Issy de se rendre aux troupes régulières.

Rossel lui fait la réponse connue :

« Paris, 1er mai 1871.

« Au citoyen Leperche, major des tranchées devant le fort d'Issy.

« Mon cher camarade,

« La prochaine fois que vous vous permettrez de nous envoyer une sommation aussi insolente que votre lettre autographe d'hier, je ferai fusiller votre parlementaire, conformément aux usages de la guerre.

« Votre dévoué camarade,

« Rossel,

« Délégué de la Commune de Paris. »

Plus tard, dans sa retraite, Rossel revient sur cette affaire; il tient à prouver qu'il n'a pas cédé à un mouvement d'impatience, il dit[1] :

« La réponse de Rossel, réponse dont la justesse
« ne fut pas comprise, obtint un grand succès hu-
« moristique.

« Le colonel Leperche, qui a été blessé devant le
« fort d'Issy, est un officier distingué à de certains

1. Papiers posthumes, page 207,

« points de vue. Il a eu des débuts brillants aux « écoles, mais je le tiens pour incapable de con- « duire quarante tirailleurs....

« La sommation envoyée par lui au fort d'Issy « était parfaitement déplacée, et l'acte autant que « l'homme méritait la réponse que fit le colonel « Rossel....

« La *Gazette de France* fit aigrement remarquer « que les lois de la guerre n'autorisent nullement à « fusiller un parlementaire; la bonne vieille se « trompait. Le drapeau parlementaire ne peut être « sacré que si les abus que peuvent en faire les « Leperche sont sévèrement punis. »

Quelle insolence!

Rossel connaissait le colonel Leperche; ils s'étaient rencontrés à Metz en des circonstances où la conduite du colonel avait provoqué la jalousie de Rossel, et celui-ci se vengeait maintenant dans une grossière fanfaronnade!

Triste et insensée, cette théorie sur les parlementaires et la discipline que le délégué de la guerre expose avec complaisance :

« L'envoi de parlementaires sert parfois à couvrir une ruse de guerre. On ne doit donc pas interrompre le feu pour le recevoir, quand même l'ennemi aurait interrompu le sien. » (*Officiel* du 3 mai.)

Et plus tard :

« Il est défendu d'interrompre le feu pendant un combat, quand même l'ennemi lèverait la crosse en l'air ou arborerait le drapeau parlementaire. » (*Officiel* du 10 mai.)

Comment traite-t-il les réfractaires?

C'est à ne pas le croire!

Pour nous, qui avons été personnellement sous le coup des décrets les plus violents de la Commune, nous reconnaissons sans peine que quelques-uns de ces décrets étaient d'une grande modération, en comparaison des ordres émanés de Rossel

Ainsi, le 6 avril, la Commune décrète que les réfractaires seront désarmés, que le fédéré désarmé pour refus de service sera privé de sa solde, et, qu'enfin, comme peine *maxima*, le fedére réfractaire ayant refusé de marcher pour le combat, sera privé de ses droits civiques par décision du conseil de discipline.

La peine était légère et même enviable.

Que fait, au contraire, Rossel?

Il procède à l'arrestation des réfractaires, d'abord, puis il ordonne qu'ils seront envoyés dans les forts et parqués dans les fossés.

La lettre suivante en témoigne.

« 4 mai.

« *Citoyen commandant du fort de Vanves.*

« Citoyen,

« Je vous envoie des réfractaires du 19e arrondissement. Vous les installerez dans les fossés de votre fort. — Vous les nourrirez. — Vous les ferez travailler et vous leur imposerez la discipline la plus rigoureuse.

« Veillez surtout à ce qu'il n'y ait pas d'évasion.

« Salut et fraternité.

« *Le délégué à la guerre,*

« *Signé :* ROSSEL[1]. »

Quelle était, du 3 au 5 mai, la situation de l'attaque contre le fort de Vanves?

Le *Journal officiel* se charge de répondre. On lit dans les rapports militaires des 3, 4, 5 mai, les dépêches suivantes :

« Vanves, Issy (3 mai).

« Vanves, nuit calme. Trois heures, bombardement jusqu à huit heures.... »

« Vanves, Issy (4 mai).

« Deux à trois heures, canonnade, fusillade bien nourrie. »

« Vanves (5 mai).

« Nuit calme.

« Une heure et demie du matin : Les Versaillais ont commencé un feu violent sur nos tranchées; ils sont repoussés. »

1. Enquête parlementaire, tome III, page 152.

« Issy (5 mai).

« Forts de Vanves et Issy, toujours bombardés, mais la situation est bonne. »

Le fort de Vanves subissait donc le bombardement, de l'aveu du rapport militaire de la Commune, avant, après et pendant le jour où Rossel y envoyait les réfractaires du quartier des Buttes-Chaumont.

La conclusion de ces faits, la plus favorable, c'est que Rossel ne se doutait pas de ce qui se passait, mais la lettre au commandant du fort de Vanves n'en subsiste pas moins comme pièce historique.

Rossel veut une discipline absolue, implacable. Le 2 mai, il écrit au colonel Brunel au fort d'Issy.

« Formez un conseil de guerre et fusillez tous « ceux qui se rendent coupables de désobéissance « ou d'abandon de leur poste devant l'ennemi.

« J'approuverai tout ce que vous ferez dans cet « ordre d'idées pourvu que vous y mettiez de l'é- « nergie[1]. »

Ces conseils de guerre dans les forts sont atroces. Léo Meillet à Bicêtre, Rogowski à Ivry, et d'autres commandants ailleurs, car peu de faits de cette nature sont connus jusqu'à présent, ramassent quelques galonnés de bas étage, soudards sans honte

1. Enquête parlementaire, tome III, page 151.

que la vanité étouffe; l'accusé est amené dans la casemate, il ne peut produire ni témoin, ni défense, il est condamné, — on ne peut dire jugé — et collé au mur, le tout en quelque minutes. C'est une fête pour le bataillon.

Philibert est facteur à la gare d'Orléans. C'est un brave homme, père de cinq enfants, honnête, tranquille; il ne s'occupe que de bien faire son service. Le 23 mai, ses chefs lui donnent l'ordre d'aller porter à un chef de gare des dépêches relatives à l'exploitation du chemin de fer; il part; en route, il est saisi par les fédérés et conduit au fort d'Ivry.

Rogowski, le commandant, réunit trois ou quatre officiers.

Philibert prouve par les dépêches dont il est porteur, qu'il est innocent, qu'il ne fait qu'accomplir un devoir de son métier qui n'a rien de politique.

Il est condamné à mort.

Les officiers fédérés se disputent l'honneur de commander le peloton d'exécution.

L'infortuné Philibert est adossé au mur.

Il est superbe de courage.

Il découvre sa poitrine et dit :

« Vous pouvez tirer, je suis innocent; ayez du
« moins pitie de ma femme et de mes petits en-
« fants. »

Et il tombe.

Il tombe en homme de cœur; obscure victime d'un ordre barbare, il n'affecte point, comme les coupables, au poteau de Satory, cette forfanterie de convention qui trouve encore ses admirateurs !

Au moment de l'action, la répression doit être subite, immédiate, terrible.

Plus de cour martiale, plus de conseils de guerre ; toute cette procédure est trop lente.

Des charges de cavalerie, des coups de canons dans la masse, voilà ce qu'ordonne Rossel.

Le *Journal officiel* du 10 mai renferme cet ordre du jour signé de lui :

« Il est défendu, sous peine de mort, de conti-
« nuer le feu après que l'ordre de le cesser a été
« donné, ou de continuer de se porter en avant lors-
« qu'il a été prescrit de s'arrêter. Les fuyards et
« ceux qui resteront en arrière isolement, seront
« sabrés par la cavalerie ; s'ils sont nombreux, ils
« seront canonnés. »

Rossel se plaît à traduire sa pensée sous forme de préceptes et d'axiomes.

« Lorsque Danton disait qu'il valait mieux être
« guillotiné que guillotineur, il ne croyait plus à la
« chose publique, » écrit-il au colonel Gois, rapporteur près la cour martiale [1].

Mais lui-même, que fait-il pour la chose publique quand il faut agir ?

1. Enquête parlementaire, tome III, page 15?.

Rien ; des phrases, des projets ! C'est toujours le même système.

Il n'est d'accord avec personne, il accuse tout le monde ; les chefs de légion sont un obstacle au succès, ils paralysent l'action ; un jour ils sont réunis au ministère de la guerre pour délibérer. Rossel veut en finir et se débarrasser, une fois pour toutes, de ces gens-là ; un peloton d'exécution en armes est dans la cour du ministère, il a été commandé pour fusiller les chefs de légion. C'est un véritable projet de coup d'état.

Le peloton est là qui attend, Rossel reste muet, l'ordre n'est pas donné, et pourquoi ?

Il ne veut pas, dit-il dans sa lettre du 9 mai, prendre seul l'initiative d'une mesure énergique, endosser seul l'odieux des exécutions !

Mais alors que signifie donc l'ordre de sabrer les fuyards et de les canonner au hasard ?

Que signifie donc le blâme infligé à Danton qui préférait être victime que d'être bourreau ?

Il n'y a qu'une explication à toutes ces forfanteries, ces bravades, ces faiblesses, ces contradictions : c'est que, depuis le jour où il a déserté, Rossel est agité par le remords, il cherche à s'étourdir ; c'est en vain : son esprit est troublé, incertain, inquiet, et c'est l'expiation qui commence.

CHAPITRE XVIII

ROSSEL HOMME POLITIQUE. — SON OPINION SUR LA PRESSE.
SES RAPPORTS AVEC LE PÈRE DUCHÊNE.

Rossel se croit général d'armée, homme de guerre. Ce n'est pas tout : il s'accorde le brevet de révolutionnaire.

Une révolution se fait avec des idées, des hommes, des fusils et des journaux. Comme révolutionnaire, Rossel a nécessairement sur les hommes, sur les fusils et la presse une opinion à lui. Il ne la cache pas.

Voici d'abord ce qu'il dit de la presse [1] :

« Le colonel Rossel paraît être le seul révolution-
« naire qui ait compris quelque chose à la puis-
« sance de la presse et qui ait cherché à l'utiliser.
« Il accueillait les journalistes avec une considération
« proportionnée à leur tirage et n'hésitait pas à leur
« mettre en main les pièces authentiques relatives aux

1. Papiers posthumes, page 211

« événements les plus récents. Ses relations avec le « *Père Duchêne* avaient eu pour origine ce besoin « réciproque de renseignements d'une part, de pu- « blicité de l'autre. La communauté de vues et la « franchise des relations amenèrent une confiance « réciproque et une sorte de familiarité. »

L'aveu est sincère. Rossel accepte la presse officieuse, il a besoin de renseignements et de publicité; à tous les journaux il préfère le *Père Duchêne* parce que son tirage est de 60 000, et utilise même ce journal pour lancer quelques idées[1]. Il ne dédaigne pas le *Mot d'Ordre*:

« L'*Avant-garde*, dit-il[2], était aux Jacobins qui « ont dirigé et perdu la Révolution. Rochefort et le « *Père Duchêne* étaient au contraire les adversaires « de ce parti; ce qui explique leur entente spontanée « avec le colonel Rossel. Rossel et les rédacteurs « du *Mot d'Ordre* ne se sont jamais vus, mais il y « a eu entre eux des échanges inavoués et tout natu- « rels de bonnes relations et de bons offices qui se « sont prolongés de la part du *Mot d'Ordre* jusqu'à « la chute de Rossel.

« Les ordures dont le *Père Duchêne* parait sa mar- « chandise pour affriander le public étaient un sim- « ple hors-d'œuvre; il y a vingt jours une aimable « femme qui lisait le *Père Duchêne*, une femme

1. Papiers posthumes, page 158.
2. *Id*, page 213.
Rossel écrivit toutes ces choses sur la presse, après la rentrée des troupes dans Paris et avant son arrestation.

« heureuse alors, veuve désolée aujourd'hui, « Mme Dombrowska, me faisait remarquer qu'en « effaçant dans cet étrange journal les artifices du « style dont il s'enguirlandait, il restait un langage « éloquent quelquefois, quelquefois touchant.

« Les Français ont toujours aimé à trouver un « peu gras les abords de la coupe où ils buvaient « la vérité. Pourquoi le procédé qui réussit à Ra- « belais contre les papegaux et à Voltaire contre « les cagots serait-il devenu mauvais contre les « cuistres de nos jours ? Pourquoi serait-il aujour- « d'hui illégitime ? »

Il trouve la panacée universelle dans la liberté de la presse, doublee d'une organisation de la publicité :

« Si quelque chose pouvait sauver la Révolution, « nourrir l'agitation révolutionnaire, l'épurer et la « préserver de l'erreur, c'était la liberté de la presse, « c'était l'organisation de la publicité. Elle était « sans inconvénient au point de vue militaire, car ce « qu'on disait des opérations militaires de la Com- « mune ne pouvait que les grandir ; à travers le « mirage du journalisme, les hordes devenaient des « bataillons et des corps d'armée, l'agitation était « de l'activité, les aventures des entreprises. Tout « grandissait ainsi, tout devenait redoutable, et la « liberté était une excellente spéculation[1]. »

1. Papiers posthumes, page 216.

Oui, la liberté de mentir, car, avec la vérité, la spéculation eût été déplorable.

« Avec une presse libre et le marché monétaire « en activité, un gouvernement est mieux éclairé « que par les remontrances d'un parlement de lé- « gistes ou les travaux d'un conseil d'État. La « presse est un parlement et un conseil d'État qui « ne coûte rien ; le taux du marché est plus ins- « tructif que le meilleur rapport de police. »

« Le colonel Rossel, qui a pensé beaucoup plus « qu'il n'a agi, et en cela il a eu grand tort, disait « après avoir sondé l'insuffisance des hommes qui « l'entouraient : « Je ferai du peuple mon chef « d'état-major. » Il aurait tout fait par l'intermé- « diaire de la presse. Le temps ou la volonté lui « ont manqué pour cela : le *Journal officiel*, d'ail- « leurs, l'a toujours mal servi [1]. »

Ici, pas de commentaires.

Que l'esprit s'arrête un instant sur cette étonnante citation, et Rossel est jugé.

1. Papiers posthumes, page 217.

CHAPITRE XIX

LES FÉDÉRÉS ET LES HOMMES DE LA COMMUNE JUGÉS PAR ROSSEL. — PORTRAIT DE DELESCLUZE.

A côté de ces pages lamentables, il en est d'autres où, subitement éclairé, Rossel se montre tel qu'il était jadis, critique intelligent et sincère.

« J'étais bien attrapé, je l'avoue franchement[1], « quand j'ai connu le gouvernement révolution- « naire.

« Je cherchais des patriotes et je trouve des gens « qui auraient livré les forts aux Prussiens plutôt « de se soumettre à l'Assemblée; je cherchais la « liberté et je trouve le privilége installé à tous les « coins de rue; je cherchais l'égalité et je trouve « la hiérarchie compliquée de la fédération, l'aris- « tocratie des anciens condamnés politiques, la « féodalité des ignares fonctionnaires qui déte- « naient toutes les forces vives de Paris.

1. Papiers posthumes, page 244.

« Mais ma plus grande surprise était autre chose « que tout cela. Nous avons souffert d'être régi par « un gouvernement de police, et la Commune « trouve moyen d'être un gouvernement de police, « et Raoult-Rigault, qui avait personnellement pâti « de ce mode de gouvernement, s'installe à la « Préfecture, et devient le véritable chef de la Com- « mune. »

C'est une page d'histoire, la meilleure qu'on ait écrite sur le sujet.

Et les hommes! les galonnés qu'il n'a su faire disparaître, il leur cingle le visage d'une rude façon :

« Ces gueux d'officiers de la Commune, trin- « quant au comptoir avec quelque sergent, gueux « déguisés en soldats et qui transforment en gue- « nille l'uniforme dont on les a affublés ; le pantalon « en vrille, le sabre dans les jambes, le ceinturon « pendant sur une capote trop large, le kepi cras- « seux couronnant une personne crasseuse, l'œil « et la parole avinés : tels étaient les drôles qui « prétendaient affranchir le pays du régime du sa- « bre et qui ne pouvaient qu'y substituer le régime « du *delirium tremens*[1]. »

La pointe de Jacques Callot n'a pas mordu avec plus de vérité et de vigueur. La gravure de Rossel restera.

1. Papiers posthumes, page 185

Resteront aussi les épithètes dont il caractérise les héros de la Commune :

Mégy est un ouvrier stupide[1].

Raoul-Rigault, un débauché, viveur scandaleux et dépensier entouré d'inutiles, consacrant à la débauche une grande part de son temps[2].

Lullier, un homme dont la santé physique et intellectuelle est profondément altérée par la boisson[3].

Félix Pyat, un misérable, un brouillon, une cervelle dépourvue de judiciaire et réceptacle de toutes les idées impures ou malsaines qui peuvent fermenter dans une révolution[4].

Cluseret, un Français superficiel, frotté de Yankee, et qui dans la philosophie yankee n'avait guère compris que le mot dollar[5].

Régère un trembleur[6].

Eudes, un ministre dont l'occupation ne s'est jamais étendue au delà de la cuisine[7].

Roselli et Mayer, de désastreuses médiocrités[8].

Jaroslaw Dombrowski n'a jamais joué franc jeu[9].

Razoua et Vinot ont fui sans combattre[10].

1. Papiers posthumes, page 167.
2. *Id*, page 202.
3. *Id.*, page 209.
4. *Id.*, page 123.
5. *Id.*, page 159.
6. *Id*, page 204.
7. *Id*, page 181.
8. *Id.*, page 206.
9. *Id.*, page 202. (C'est le frère du général tué.)
10. *Id*, page 171

Les blanquistes sont des êtres ignobles, incapables, serviteurs indignes de la liberté, esprits étroits et personnels, capables d'un coup de main, incapables de courage[1].

Le Comité central est profondément incapable[2].

On y risquait l'orgie, et le champagne et tout[3].

Les sous-comités ont continué à *exploiter* (*sic*) l'administration des arrondissements[4].

Ce n'est pas de parti pris que Rossel juge avec tant de sévérité ses collaborateurs; il est indulgent pour d'autres :

Blanqui est un homme très-capable et très-énergique[5].

Jourde, Varlin ont un caractère respectable[6].

Gérardin, Malon, Avrial sont de fort braves gens[7].

Tridon est le plus capable et le plus considéré des membres de la commission de la guerre[8].

Avoine fils était un des rares théoriciens du socialisme[9].

Rossel tient beaucoup à Vermersch; il lui trouve

1 Papiers posthumes, pages 232-233.
2. *Id.*, page 231.
3. *Id.*, page 198.
4. *Id.*, page 201.
5. *Id.*, page 232.
6. *Id.*, page 157.
7. *Id.*, page 232.
8. *Id.*, page 128.
9. *Id* , page 229.

une verve endiablée, un brio surprenant, un style en feu d'artifice « étincelant de bouquets et de girandoles, émaillé de ces fioritures que proscrivent l'Académie et la bonne société[1], » et prétend que la dénonciation dont Gustave Chaudet fut victime, s'était glissée dans le *Père Duchêne* à l'insu de Vermersch[2].

Mais son personnage préféré, c'est Delescluze :

« Delescluze, s'il n'avait pas été affaibli par l'âge « et par la maladie, aurait peut-être été l'homme « de la révolution. Il a marqué son arrivée au mi- « nistère de la guerre par plusieurs mesures heu- « reuses et qui auraient pu remettre de l'ordre dans « le gouvernement des affaires militaires ; quant « aux questions techniques, il y était absolument « étranger. Il ne paraît pas non plus qu'il fût ad- « ministrateur. Tout considéré, c'etait un homme « usé. Le 9 mars il s'était relevé de quinze jours de « maladie ; une longue déportation avait ruiné sa « santé, il ne parlait plus, il respirait à peine ; « c'était un cadavre ambulant. L'acceptation du « pouvoir était le sacrifice des misérables restes « de sa vie, et cependant il accepta ; il accepta de « la majorité de la Commune, dont il ne faisait pas « partie, mais qu'il dominait de la grandeur de son « passé, un rôle impossible, condamné d'avance et

1. Papiers posthumes, page 212.
2. *Id.*, page 215.

« dans lequel il ne fut pas soutenu. Il est tombé « derrière une barricade, mais déjà il avait succom- « bé à la tâche. On a retrouvé son corps défiguré « par une affreuse blessure que lui avait faite au « cou une poutre tombée d'une maison voisine. Les « vainqueurs trouvent des paroles pour insulter sa « mort[1]. »

Il faut être juste : Delescluze était convaincu et de bonne foi, et du moins il a su mourir.

Le portrait que Rossel fait de lui est exact et tracé d'une main ferme ; il est du 28 mai 1871. Paris brûlait encore et le bruit du canon venait de s'éteindre.

1. Papiers posthumes, page 202.

CHAPITRE XX

PRISE DU FORT D'ISSY. — DEMISSION DE ROSSEL. — SA LETTRE A LA COMMUNE. — SA FUITE.

Cependant l'action lente, mais sûre, de notre armée se poursuit; le 9 mai, le fort d'Issy tombe en notre pouvoir.

La prise du fort fut un succès considérable; il marque une période; c'est un résultat certain, tangible pour tous. Nos succès au château de Bécon, à Neuilly, à Asnières avaient produit un effet déterminant sur l'armée, mais le public, ignorant de la topographie des localités, les avait peu appréciés; Issy, au contraire, était un objectif précis et connu; sa chute eut un salutaire retentissement.

Il y eut même à Versailles des illusions; quelques-uns pensèrent que c'en était fait de la Commune; ceux-là ne connaissaient pas l'état moral de Paris.

Le caractère marqué de l'insurrection était une

ténacité vraiment étonnante; les fédérés étaient devenus fatalistes et rien ne les décourageait.

Aussitôt qu'il eut connaissance de l'événement, Rossel rédigea une affiche, et à l'insu de la Commune, il la fit placarder dans Paris à un nombre inusité d'exemplaires.

« Midi et demi.

« Le drapeau tricolore flotte sur le fort d'Issy, abandonné hier soir par la garnison.

« *Le délégué à la guerre,*

« ROSSEL. »

N'eût-on pas dit l'annonce d'une victoire?

Il semble qu'il y ait dans l'esprit de Rossel des replis insondables; mais non, tout s'explique.

C'est avec joie, oui avec joie, qu'il rédige la dépêche. Le remords le rongeait; soudain, il voit de loin approcher le drapeau de la France, ce drapeau que le malheur nous a rendu plus cher; le poids qui écrase sa conscience se soulève; il respire et jette un cri!

Mais aussitôt l'orgueil reprend sa place et Rossel écrit sa lettre sans attendre une destitution imminente.

Il prétend avoir donné sa démission avant la chute du fort; c'est un détail de peu d'importance, puisque c'est lui qui a signé la dépêche affichée.

« Paris, 9 mai 1871.

« Citoyens membres de la Commune,

« Chargé par vous, à titre provisoire, de la délégation de la guerre, je me sens incapable de porter plus longtemps la responsabilité d'un commandement où tout le monde délibère et où personne n'obéit.

« Lorsqu'il a fallu organiser l'artillerie, le Comité central d'artillerie a délibéré et n'a rien prescrit. Après deux mois de révolution, tout le service de nos canons repose sur l'énergie de quelques volontaires, dont le nombre est insuffisant.

« A mon arrivée au ministère, lorsque j'ai voulu favoriser la concentration des armes, la réquisition des chevaux, la poursuite des réfractaires, j'ai demandé à la Commune de développer les municipalités d'arrondissement.

« La Commune a délibéré et n'a rien résolu.

« Plus tard, le Comité central de la fédération est venu m'offrir presqu'impérieusement son concours à l'administration de la guerre. Consulté par le Comité de salut public, j'ai accepté ce concours de la manière la plus nette et je me suis dessaisi, en faveur des membres de ce comité, de tous les renseignements que j'avais sur l'organisation. Depuis ce temps-là, le Comité central délibère et n'a pas encore su agir. Pendant ce temps l'ennemi enveloppait le fort d'Issy d'attaques aventureuses si imprudentes, que je l'en punirais si j'avais la moindre force militaire disponible.

« La garnison, mal commandée, prenait peur et les officiers délibéraient, chassaient du fort le capitaine Dumont, homme énergique, qui arrivait pour les commander, et, tout en délibérant, évacuaient leur fort, après avoir sottement parlé de le faire sauter, chose plus impossible pour eux que de le défendre.

« Ce n'est pas assez. Hier, pendant que chacun devait être au travail ou au feu, les chefs de légion, délibéraient pour substituer un nouveau système d'organisation à celui que j'avais adopté, afin de suppléer à l'imprévoyance de leur autorité, toujours mobile et mal obéie. Il résulta de leur conciliabule un projet au moment où il fallait des hommes, et une déclaration de principes au moment où il fallait des actes.

« Mon indignation les ramena à d'autres pensées et ils ne me promirent pour aujourd'hui, comme le dernier terme de leurs efforts, qu'une force organisée de 12000 hommes, avec lesquels je m'engage à marcher à l'ennemi. Les hommes devaient être réunis à onze heures et demie. Il est une heure et ils ne sont pas prêts; au lieu d'être 12000 ils sont environ 7000. Ce n'est pas du tout la même chose.

« Ainsi la nullité du Comité d'artillerie empêchait l'organisation de l'artillerie; les incertitudes du Comité central de la fédération arrêtaient l'administration; les préoccupations mesquines des chefs de légions paralysaient la mobilisation des troupes.

« Je ne suis pas homme à reculer devant la répression, et hier, pendant que les chefs de légions discutaient, le peloton d'exécution les attendait dans la cour. Mais je ne veux pas prendre seul l'initiative d'une mesure énergique, endosser seul l'odieux des exécutions qu'il faudrait faire pour tirer de ce chaos l'organisation, l'obéissance et la victoire. Encore si j'étais protégé par la publicité de mes actes et de mon impuissance, je pourrais conserver ce mandat. Mais la Commune n'a pas le courage d'affronter la publicité. Deux fois déjà je vous ai donné des éclaircissements nécessaires, et deux fois, malgré moi, vous avez voulu avoir le comité secret.

« Mon prédécesseur a eu le tort de se débattre au milieu de cette situation absurde.

« Éclairé par son exemple, sachant que la force d'un révolutionnaire ne consiste que dans la netteté de la situation, j'ai deux partis à choisir. Briser l'obstacle qui entrave mon action, ou me retirer. Je ne briserai pas l'obstacle; car l'obstacle c'est vous et votre faiblesse : je ne veux pas attenter à la souveraineté publique.

« Je me retire, et j'ai l'honneur de vous demander une cellule à Mazas.

« *Signé* : ROSSEL. »

Rossel tout entier se trouve dans ce document :

menaces, faiblesse, inconséquence, forfanterie, mots à effet ; la cellule à Mazas est une trouvaille. On sait qu'il préféra la fuite.

Après quelques tentatives pour lui faire retirer sa démission, il fut décrété d'accusation par le Comité de salut public.

« On avait même, dit-il[1], nommé la cour mar-
« tiale, dont Collet devait être le président. Je ne
« pus supporter l'idée de paraître en accusé devant
« ce Collet que j'avais vu caponner devant les obus
« à Issy, et c'est alors que je me déterminai à me
« soustraire à la justice de la Commune. »

Piteuse, triste et bien médiocre explication!

1. Papiers posthumes, page 150.

CHAPITRE XXI

OPINION DES JOURNAUX SUR ROSSEL. — *Le Père Duchêne.* — *Le Mot d'Ordre.* — *La Commune.* — *Le Vengeur.* — *La Sociale.* — MISE EN ACCUSATION DE ROSSEL.

Il disparait avec son ami Gérardin; les journaux s'emparent de sa personne et une polémique s'engage : les uns demandent que Rossel soit nommé dictateur, les autres, F. Pyat en tête, l'accusent de trahison.

Malgré leur étendue, nous reproduisons quelques-uns de ces articles, ils sont intéressants et donnent la note de l'opinion.

Le *Père Duchêne,* l'allié de Rossel, le souffleur en titre d'une fraction de la Commune, commence le premier :

« Et toi aussi, citoyen Rossel,

« Le *Père Duchêne* est b..... en colère contre toi!

« Oui, même contre toi!

« Ne te f.... pas dans le toupet que tu vas donner ta démission!

« F..., il ne le faut pas.

« S'il y avait des hommes capables à les remuer à la pelle, le *Père Duchêne* te dirait : va-t-en, si tu le veux!

« Mais les hommes capables, ce n'est pas ce qui nous gêne!

« Et si tu t'en vas, qui est-ce qu'on mettra à ta place?

« Ne t'en vas pas, f...!

« Tu parles d'aller à Mazas!

« Il ne manquerait plus que ça!

« Tache d'y coller les j.... f.... ça vaudra mieux!

« Le *Père Duchêne* pense bien que la Commune va te mettre dans les pattes un pouvoir sérieux.

« Sinon, il déclare qu'il n'y a plus qu'une chose à faire pour le salut de la Révolution.

« Et cette chose, c'est ce qui reste à faire quand la Patrie est en danger :

« L'appel au Peuple[1]! »

On s'explique maintenant la prédilection de Rossel pour Vermesch : donnant, donnant.

Rochefort, dans le *Mot d'Ordre,* demande aussi un dictateur, mais il ne veut pas se compromettre et prudemment il écrit :

« Un homme peut s'emporter contre ceux qui partagent avec lui le pouvoir, les braver, les inju-

1. *Le Pere Duchene*, 21 floréal an 79.

rier même, sans être nécessairement un traître à son pays. Nous arriverons peut-être un jour à convenir que le citoyen Rossel en est un de la plus dangereuse espèce; mais nous attendrons, pour embrasser cette conviction, qu'on nous expose un délit un peu plus concluant que celui d'avoir fait tirer dix mille exemplaires d'une affiche[1].

Le journal *la Commune*, un des plus importants de l'époque, est dans les mêmes idées; Henri Maret est de l'école de Rochefort. « J'ai lu attentivement, dit-il le 12 mai, la lettre de Rossel, je crois qu'il a eu tort de l'écrire, car il y a des choses qu'il est peut-être imprudent de dévoiler. Mais, telle qu'elle est, elle m'a paru venir ou d'un homme énergique et qui, au fond, a raison, ou d'un traître qui joue admirablement son rôle. »

Double erreur, Rossel n'était ni un homme énergique ni un traître à l'égard de l'insurrection.

La *Sociale* fait son panégyrique; elle proclame le dévouement à la République, le zèle absolu, l'honnêteté politique irréprochable, la capacité militaire, la mâle énergie du délégué à la guerre, qui n'eut qu'un tort, celui de ne pas avoir annéanti d'un seul coup le Comité central et les chefs de légions.

Le journal le plus sérieusement dévoué à Rossel,

1. *Le Mot d'ordre* du 23 mai.

c'est le *Réveil du peuple*, inspiré par Delescluze; il veut le maintien de Rossel à la délégation de la guerre avec un comité de contrôle de trois membres : A. Arnaud, Delescluze et Protot; il ne voit de salut que dans cette mesure, sans laquelle « le Comité de salut public deviendra probablement comité de capitulation. » La même feuille défend Rossel contre les accusations de la *Justice* et surtout du *Vengeur*.

La *Justice*, mal renseignée sur les détails de la vie de Rossel, le traite tout simplement de fou; ce journal, un des derniers-nés sous le règne de la Commune, n'avait du reste que fort peu d'influence.

Félix Pyat est depuis longtemps l'adversaire de Rossel, cependant il le tolère, mais le jour après la prise d'Issy, il commence contre lui dans le *Vengeur* une campagne où la haine et la rage débordent à chaque ligne.

« Je ne m'étais pas plus trompé, hélas! sur Rossel que sur Bazaine.

« Les conséquences heureusement seront moindres.

« Voici le fait :

« Après avoir signalé la nécessité de secourir Issy, après avoir reçu ordre de le défendre à tout prix, après avoir répliqué qu'Issy ne serait point évacué : tout d'un coup, sans avertir ni le Comité de salut public, ni la Commune, le colonel Rossel fait placarder cette affiche :

« Le drapeau tricolore flotte sur le fort d'Issy, « abandonné par la garnison. »

« Un cri de triomphe pour un aveu de défaite!

« Aurait-on annoncé autrement la prise de Versailles? on aurait dit : le drapeau rouge au lieu du drapeau tricolore, voilà tout !

« Les deux mots : *flotte* et *abandonné* suent la trahison....

« Le mode insolite de l'affichage ne transpire pas moins....

« Les affiches sont ordinairement tirées à 6000 exemplaires, mais on ne saurait trop annoncer, publier et propager ce qui est bon. Le colonel Rossel a écrit lui-même au bas de la copie : Bon à tirer pour 10 000 exemplaires. L'imprimeur objecte, le colonel insiste. Il insulte le Comité central, la garde nationale, tout le monde; la garde nationale contre laquelle il a prononcé la première condamnation à mort, que la Commune a dû commuer; le Comité central dont il avait formellement accepté le concours; la Commune entière dont il avait reçu son mandat, la défiant, la bravant, lui donnant sa démission et lui demandant une prison.

« Et comble du cocasse après le fracasse ! cet homme, qui demande si fièrement une cellule à Mazas, quand on la lui donne, la refuse et se sauve. Il n'aime pas à être pris au mot; très-contrariant,

M. Rossel. Il se sauve! où ? à Versailles? Non, j espère encore que non pour son honneur[1].... »

« Jamais assez de pouvoirs, jamais assez de force, il fallait affaiblir, anéantir la Commune, lui ôter son prestige par les dangers, lui préparer des coups d'Etat par des défaites et lui imposer un maître par un vainqueur. C'était le plan Bazaine, puis le plan Trochu, enfin le plan Rossel.... »

«.... Le *Vengeur* n'a plus qu'un mot à dire aujourd'hui aux défenseurs de Rossel :

« Il est toujours pénible de peser sur un accusé quel qu'il soit; qu'il aille donc se faire pendre ailleurs[2]. »

Félix Pyat ne s'en tient pas là, il formule un véritable acte d'accusation et constitue le dossier Rossel.

Voici d'abord le réquisitoire :

« Le jeune Rossel n'était pas de taille à faire un empereur.

« Rassurons-nous donc!

« Il a eu beau tenter depuis sa nomination à la guerre, un coup d'État contre la Commune, accuser le Comité de salut public, dénoncer le Comité central, et menacer tout le monde par sa démission : la montagne est accouchée d'une souris qui court toujours.

1. *Le Vengeur* du 11 mai
2. *Le Vengeur* du 13 mai.

« Rassurons-nous !

« Placé d'abord sous les ordres du général Cluseret, il commença par desservir son chef. De l'aveu de son ami Ch. Gérardin, comme du citoyen membre de la sûreté, Chalain, il a constamment contrecarré son supérieur ; il l'a contrecarré pour *rouler* Cluseret, dit Chalain ; pour servir la Commune, dit Gérardin. Donc, dans les deux cas, coupable plus ou moins, mais coupable certainement.

« En admettant le moindre des cas, la désobéissance à son chef pour servir la Commune, il devait alors avertir la Commune de sa désobéissance à son chef. Il devait dire à la Commune : Je refuse d'obéir à Cluseret, parce que Cluseret trahit la Commune. Ce qu'il n'a pas fait. Pourquoi ? Parce qu'il devait trahir la Commune comme Cluseret. Malheureusement, la révélation du plan Rossel ne fut pas plus écoutée que celle du plan Bazaine.

« Rossel exécutait ce plan : remplacer Cluseret et la Commune.

« Qui veut la fin veut le moyen. Cluseret exclus, le moyen de Rossel fut de rendre la Commune odieuse et le service insupportable à la garde nationale.

« Son premier acte grave, après son indiscipline, fut de prononcer une condamnation à mort contre un garde national dans des circonstances telles que le délégué actuel à la guerre (Delescluze) voulut se retirer de la Commission exécutive si la peine n'était commuée. La mort fut commuée en prison ;

et Rossel donna sa démission de président de la cour martiale ; mais il resta au ministère, poursuivant son but.

« Ne pouvant fusiller un peu la garde nationale, il la désorganisa.

« Il continua de séparer les bataillons de leurs légions, de les enrégimenter et de les caserner, de les écraser d'un service militaire répugnant, révoltant à l'institution même, jusqu'aux insurrections et condamnations ; bref, de refaire le citoyen en soldat.

« C'est alors que le Comité central, effrayé du mal, comme tout le monde, s'adressa directement à la Commune pour y remédier. La Commune renvoya au Comité de salut public, qui convoqua immédiatement le Comité central et le délégué Rossel, pour s'entendre en vue de changer le mal en bien. Rossel prétend que le Comité central lui fut imposé impérieusement. Ce n'est pas vrai, il accepta *nettement*, il l'avoue; je dis plus, il accepta librement, spontanément et même avec reconnaissance, le concours du Comité central, l'offre à lui faite, non de le dépouiller, mais de le débarrasser de l'administration pour le laisser tout entier à l'action. »

Puis arrivant à l'affaire d'Issy, Pyat continue :

« Rossel qui avait, le 1er mai, remplacé Cluseret après la première déroute d'Issy, signalait, le 2, au Comité de salut public, par dépêche télégraphique, la nécessité de secourir le fort. Le Comité de salut public lui répondait immédiatement de le garder à tout prix. Rossel lui répliquait alors que le fort ne serait pas évacué; et enfin l'affiche annonçait le drapeau tricolore flottant sur le fort abandonné.

« Mais entre la réplique et l'affiche, il y a une dépêche d'Eudes qui dénonce la négligence, l'incurie, l'abandon de Rossel, qui demande à cor et à cri du secours et à qui Rossel envoie pour secours le conseil de remonter le moral de ses gardes et du *tabac*. Eudes a beau répliquer qu'avec ce tabac il ne promet pas de défendre les tranchees, Rossel lui écrit de les abandonner.

« C'est la faute de la Commune, dit Rossel, du Comité de salut public, du Comité central, du Comité d'artillerie. Le mot de Comité met ce délégué hors de lui. C'est le drap rouge aux yeux du taureau. Le Comité de salut public a déplacé ses généraux, ce qui est faux. Le seul ordre donné directement aux *généraux* par le Comité de salut public pour défendre Issy que ne défendait pas Rossel, fut adressé au général Wroblewski, qui était chargé des forts du Sud. Le Comité de salut public, en lui ordonnant de veiller sur Issy, ne déplaçait donc pas le général; au contraire, il le confirmait dans son poste et son devoir. Suivons! Le Comité central l'a géné : c'est faux, puisque le Comité n'avait pas encore fonctionné. Enfin le Comité d'artillerie, accusé de même de n'avoir rien organisé, lui fait une foudroyante réponse dans un rapport au Comité de salut public. »

Suit un extrait du rapport; le Comité affirme qu'il y a dans le rang 5,445 artilleurs, il accuse Rossel d'avoir fait arrêter quatre délégués du Comité et d'avoir refusé la solde des canonniers.

« Laissons donc, poursuit Félix Pyat, ce jeune soldat où il est, à Versailles ou sur le chemin.

« Il est ridicule et même odieux de poursuivre un contumace, fût-il un heros! et ce dictateur blond n'est qu'un singe du Corse.

« Ni haine ni peur de ce Césarion : qu'il aille rejoindre le *glorieux* Bazaine et n'en parlons plus.

« Félix Pyat. »

Dégagés de la sécrétion naturelle de Pyat, le fiel, ces articles renferment quelques flèches du Parthe bien décochées.

Après l'attaque, il est juste de lire la défense : c'est *la Sociale* qui, de tous les journaux, défendit Rossel avec le plus de chaleur.

« Le citoyen Rossel[1].

« Parce qu'un homme a fait rigoureusement son devoir, parce que, investi d'un mandat, il l'a exé-

1. *La Sociale* du 13 mai.

cuté jusqu'au bout, ne consultant, n'obéissant qu'à sa conscience d'honnête homme,

« Vite, on crie à la trahison, on lance contre lui des mandats d'amener aux quatre coins de la capitale, on le défère à la cour martiale, au besoin, on le fusillerait.

« Des hommes, des écrivains s'acharnent après l'accusé, le comparent à Bazaine, le traitent de soudoyé de Versailles.

« Tant de haine, sans preuves, nous révolte. Faut-il qu'en des jours aussi douloureux, on fasse si peu de cas d'un homme qui, dans ses fonctions, a apporté pour témoignages de son dévouement a la République, un zèle absolu, une honnêteté politique irréprochable !

« On oublie tout, les difficultés qu'il a eu à surmonter, ainsi que les services rendus.

« Nous avons nommé le citoyen Rossel ! Après tout, n'avait-il pas le droit d'agir comme il l'a fait ?

« Lui, délégué à la guerre, responsable des mouvements militaires, n'avait-il pas même le devoir, le devoir impérieux, d'informer le peuple de nos victoires ainsi que de nos défaites ? Se souvenant de la capitulation de Metz, des mensonges des hommes de septembre, de la journée du 31 octobre, ne devait-il pas éviter un conflit à l'intérieur qui aurait été funeste à la révolution, et ne rien cacher à la population ?

« Si, tel est notre avis.

« Nous ne saurions faire un crime au citoyen Rossel d'avoir agi de son chef.

« Nous dirons même qu'il eût été coupable, s'il eût fait autrement.

« Mais en ne consultant pas la Commune, le Comité de salut public, le Comité central, les chefs de légion, etc , etc., il était coupable, il s'érigeait, paraît-il, en dictateur, ou il trahissait la révolution au profit de Versailles.

« Eh bien ! devant toutes les accusations, devant les menaces dirigées contre le citoyen Rossel, nous lui resterons dévoué. Nous avons trop bien compris toute la capacité militaire, toute la mâle énergie du délégué à la guerre pour l'abandonner au moment où tout le monde l'accuse.

« Ce n'est pas l'homme que nous défendons, ce sont ses actes. Nous n'oublierons pas ce qu'il a fait; nous n'oublierons pas que, devant le danger, il n'a pas reculé !

« Nous n'oublierons pas que, par son calme, sa résolution, il sut encourager nos troupes fatiguées, désespérées.

« Et nous déclarons qu'il n'eut qu'un tort, celui de n'avoir pas usé de son mandat de délégué à la guerre pour anéantir d'un seul coup et le Comité central et ces chefs de légions qui, pendant toute sa gestion, n'ont fait qu'entraver sa besogne.

« S'il eût fait cela, il serait encore avec nous, nous aidant à sortir de la passe difficile où nous nous trouvons. »

Félix Pyat avait ouvert, dans son journal, une sorte d'enquête sous le titre : DOSSIER ROSSEL.

Il n'y eut rien de sérieux ni d'intéressant dans ces dénonciations que Pyat accueillait sans contrôle; ce n'étaient que des ruades.

Cluseret écrivit une longue lettre et chercha à se décharger sur Rossel et Gaillard père, de sa responsabilité à l'égard des barricades qui n'auraient pas été construites selon ses ordres et sa méthode.

B. Lacord, du Comité central, pense que Rossel « avait un intérêt mystérieux à faire connaître la mauvaise nouvelle qu'il avait préjugée à l'avance, et qu'il semblait attendre avec impatience. »

Moreau et d'autres membres du Comité central protestent et déclarent qu'ils n'ont jamais entravé l'action de Rossel.

Quelques journaux publièrent un acte d'accusation contre Rossel, signé Protot, délégue à la justice, et Vermorel.

Dans ce document, Rossel était accusé d'avoir été depuis longtemps en pourparlers avec Versailles; pour prix de sa trahison, il aurait demandé un million par chaque fort livré, deux millions pour l'enceinte et le grade de colonel du génie; déjà des à-comptes de près de 500,000 francs lui auraient été payés, et ce en présence de témoins qu'on nommait.

Il paraît que Protot et Vermorel ont déclaré que cette pièce était fausse; nous ignorons si l'acte d'accusation a été dressé, mais, ce qui est certain, c'est que tel que les journaux l'ont donné, il ne renfermait que des allégations fausses et calomnieuses au premier chef.

Le Comité de salut public, composé de Ant. Arnaud, Eudes, F. Gambon, Ranvier, fit une proclamation pour expliquer au peuple la chute d'Issy :

« Citoyens,

« La Commune et la République viennent d'échapper à un péril mortel.

« La trahison s'est glissée dans nos rangs.

« Désespérant de vaincre Paris par les armes, la réaction avait tenté de désorganiser ses forces par la corruption. Son or, jeté à pleines mains, avait trouvé jusque parmi nous des consciences à acheter.

« L'abandon du fort d'Issy, annoncé dans une affiche impie par le misérable qui l'a livré, n'était que le premier acte du drame ; une insurrection monarchique à l'intérieur, coïncidant avec la livraison d'un de nos forts, devait le suivre, et nous plonger au fond de l'abîme. . . . . »

En terminant, le Comité de salut public affirme que presque tous les coupables sont arrêtés, et proclame l'invincibilité de la Révolution.

Rossel s'est préoccupé de ces accusations de trahison ; jamais il n'a été sérieusement soupçonné par personne. Il a été faible, n'a montré aucune qualité militaire, n'a rendu à la Commune aucun service réel, il l'a même abandonnée à l'heure du péril, mais il ne l'a pas trahie.

Du reste, cette accusation ne s'est pas reproduite dans les lettres de reproches que les fédérés réfugiés à l'étranger échangent entre eux pour leur compte et celui des absents.

CHAPITRE XXII

PROJET DE DICTATURE. — LA BATAILLE DES RUES.
ATTITUDE DE ROSSEL PENDANT LE COMBAT.

La prise du fort d'Issy laissa la masse des fédérés à peu près calme. Elle fit sérieusement réfléchir les chefs et les meneurs, ils pressentirent l'approche de la période aigue, et alors, comme dans toutes les grandes crises, surgit l'idée d'une dictature.

Cet expédient est naturel en France; Paris, sous la Commune, avait la prétention de posséder le gouvernement du peuple par le peuple; d'être une démocratie réelle, dans la plénitude de l'action administrative et de l'exercice de la souveraineté; Paris alors, malgré ses défiances et ses jalousies, se serait laissé imposer un dictateur. Les hommes au pouvoir l'eussent accepté, moins comme une nécessité de salut que pour se dégager d'une responsabilité qui devenait de plus en plus lourde; les fédérés armés professaient depuis longtemps une indifférence marquée pour ce qui se passait loin d'eux, et auraient sans peine suivi l'impulsion des chefs et des journaux.

Rossel avait pour lui la fraction de la Commune conduite par Delescluze, et tous les journaux importants, sauf celui de Félix Pyat; il est vrai de dire qu'il n'était pas populaire, en ce sens qu'il avait négligé de conquérir la faveur publique par les démonstrations usitées : il sortait peu, endossait rarement l'uniforme, ne passait pas de revues, et ne s'était point prodigué sur les points menacés, mais ce manque de popularité bruyante était compensé par l'idée qu'on se faisait de son énergie et de ses talents militaires; selon nous, il ne dépendait que de lui d'exercer le pouvoir suprême qu'on lui offrait : il n'osa tenter l'aventure, soit qu'il jugeât la position perdue, soit par suite de la disposition naturelle chez lui de reculer au moment de l'action.

Il abandonne la partie, et se réfugie dans un quartier de la rive gauche; la police de Raoul Rigault ne le recherche pas, et nul ne songe plus à la mise en accusation. Delescluze, son successeur à la guerre, le visite dans sa retraite, et lui demande des conseils sur les choses militaires.

Le 22 mai, notre armée pénètre dans Paris, et la bataille des rues commence.

Que fait Rossel ?

Il reste caché.

Il écrit et redige des notes.

Au lieu du fusil, il prend la plume.

Et qu'écrit-il?

Cloué par la faiblesse dans quelque grenier, est-il enfin envahi par le remords? Et, gémissant sur sa honte, demande-t-il pardon à Dieu?

Non!

L'orgueil lui trouble le cerveau, il insulte ceux qui se font tuer.

Lisez ce qu'il dit de nos officiers :

« Les officiers de l'armée ne se sont pas amendés « dans cette courte campagne; ce sont toujours les « vaincus de Metz et de Sedan. Les premières re- « connaissances, quoique d'une trentaine d'hommes « au moins, n'avaient pas d'officiers; la troupe n'a « pas profité des premières heures du jour; les « colonnes sont longues et offrent des traces de dé- « sordre; les officiers supérieurs ne sont pas en tête « de la troupe; les officiers d'état-major paraissent « seulement après que la brigade a passé. Enfin, « le général arrive le dernier de tous[1].... »

Par instant, il laisse échapper, comme le jour de la prise d'Issy, une sorte de joie:

« Le drapeau est planté sur l'une des barricades; « les trois couleurs sont joyeuses à voir après le « triste drapeau rouge, et pourtant ce drapeau va « être souillé de meurtres et d'exécutions som- « maires plus affreuses que n'a pu en abriter le « drapeau couleur de sang Le régiment passe; « voici les officiers français : leurs guêtres sont cou-

1. Papiers posthumes. page 188.

« vertes de poussière ou de boue; mais, malgré la « fatigue, ils portent l'uniforme avec une aisance co- « quette, cela fait plaisir à voir après ces gueux « d'officiers de la Commune[1].... »

Que pense-t-il de l'assassinat des otages et des incendies?

« La circulaire de Jules Favre relativement à l'ex- « tradition, est d'un gouvernement de fous aussi « bien que le sanglant système de la répression. « Les procédés de la Commune à l'égard de ses « otages et en ce qui concerne les monuments, « sont des procédés de guerre extrêmes, mais régu- « liers. L'incendie du Louvre me scandalise beau- « coup moins que l'incendie de Bazeilles, et cepen- « dant M. Jules Favre serait mal venu de demander « à l'occasion de l'affaire de Bazeilles, l'extradition de « l'empereur Guillaume. La demande d'extradition « n'est pas fondée en droit; refuser à l'insurrection « de Paris le caractère politique est un sophisme « que notre illustre rhéteur pouvait seul aventu- « rer[2]. »

Puis il fait de l'esprit et pousse le paradoxe jusqu'au cynisme :

1. Papiers posthumes, page 185.
2. *Id.*, page 227.
Cette note semble avoir été écrite par Rossel entre le 27 et le 31 mai. G.

« Cependant, on se dégoûte de tuer. Deux hommes « sont amenés ; le général est sous le porche de la mai- « son ; tout en passant il condamne ; mais comme on « les emmène, le général rencontre le regard désolé « et effrayé d'une jeune fille de la maison. Il se ra- « vise et la vie des deux hommes est sauvée. Le gé- « néral monte et demande à revoir la jeune fille à « laquelle il est reconnaissant de ce bon mouve- « ment.

« J'ai entendu dire que les plus fiévreux conven- « tionnels caressaient quelquefois la fille, tout en « faisant guillotiner le père. C'est une des légendes « de la Révolution. J'aime mieux cette assurance « dans la férocité que l'indécision du juge grotes- « que qui fait grâce pour un regard. Pourquoi « donc avait-il condamné[1] ? »

Ah ! il n'est pas allé sur la barricade, cet ancien président de la commission des barricades ! Cet homme qui faisait parquer les réfractaires dans les fossés d'un fort bombardé, qui ordonnait de canonner les fuyards et de fusiller les lâches, n'a pas osé descendre dans la rue et crier à ceux que naguère il envoyait au canon : Je suis Rossel, le colonel Rossel, marchons à la mort, suivez-moi !

Il n'a pas osé regarder en face ces « vaincus de « Metz et de Sedan », car ce sont des hommes, eux, des soldats fidèles qui combattent pour l'honneur et la patrie.

1. Papiers posthumes, page 188.

Le soin de sa renommée le retient sans doute, il reste en lieu sûr, et, à la lueur des incendies sinistres, il rédige des notes : il entend conserver à la Révolution une existence qu'il s'est à lui-même déclarée précieuse, il songe à l'avenir et rêve une dictature lointaine et facile.

Cet orgueilleux fieffé s'est promu dans la hiérarchie des intelligences à un rang suprême et dégagé par ce fait des lois et du devoir. Il s'est fait une morale et un code selon ses besoins : ainsi il rédige sa lettre au ministre de la guerre et croit que tout est fini, qu'il est libre et qu'il peut avec *honneur*[1] combattre le drapeau français; puis il donne sa démission à la Commune et se croit quitte envers elle; plus tard, il donne encore une fois sa démission et se retire, estimant avoir assez fait pour la Révolution.

Mais de même que, nous, nous lui jetons à la face sa défection à notre drapeau, de même les fédérés de la Commune ont le droit de lui dire qu'il a manqué à son devoir en se cachant le jour de la bataille, et en abandonnant ce drapeau rouge qu'il avait adopté.

La Révolution ne se contente pas du sacrifice d'un bout de galon, elle ne veut pas que ceux qui l'ont embrassée et qui se sont proclamés ses amants, puissent à leur guise la quitter. Non, elle veut l'abnégation absolue, complète, totale jusqu'au bout,

1. Papiers posthumes page 329.

elle renie les faibles qui trouvent la route trop longue et trop dure, elle les méprise.

Rossel a été soldat de l'insurrection, il s'est soumis volontairement à ses lois, il les a lui-même fait appliquer; à l'heure du combat, quand la Commune en détresse criait, aux armes! quand Delescluze et Dombrowski tombaient, Rossel a manqué à l'appel, il est resté caché!

Pour la France, c'est un déserteur.

Pour la Commune, c'est un déserteur.

CHAPITRE XXIII

ROSSEL EN PRISON. — SES TRAVAUX : *L'art de la guerre*. — *Timothée*. — LA QUESTION SOCIALE. — OPINION DE ROSSEL SUR LUI-MÊME. — LE PROCÈS.

Quelque temps après la prise de Paris, Rossel est découvert dans sa retraite ; il était déguisé en contre-maître du chemin de fer de l'Est; il nie d'abord son identité, mais il est reconnu par des témoins, et alors il avoue son nom. On le transfère à la maison d'arrêt de Versailles.

La prison est un mauvais endroit pour écrire; la pensée est captive, elle ne peut s'élever qu'en se brisant contre la muraille, comme le rayon de lumière.

Rossel écrit; il parle de lui, de la Commune et de ses hommes, du peuple, de la question sociale; tantôt ce sont des notes et des pensées sous forme de maximes et d'axiomes, tantôt ce sont quelques pages suivies, tantôt c'est un livre. Nous allons rapidement passer en revue ces écrits.

Le travail de prédilection de Rossel fut toujours l'étude des écrivains militaires ; étant en prison, il fit publier un volume intitulé *L. M. Rossel, capitaine du genie, Abrégé de l'art de la guerre* (Maison d'arrêt de Versailles, août-septembre 1871); suivi de l'*Organisation militaire de la France;* E. Lachaud, Paris.

Nous avons déjà parlé de la deuxième partie, relative à l'organisation militaire; l'*Abrégé de l'art de la guerre* est une série de citations groupées par genre : organisation des armées, tactique, défense des places, emploi de l'artillerie, gardes nationales, retranchements, etc., etc. Les extraits sont détachés des œuvres de Napoléon, de Jomini, de l'archiduc Charles, et suivis de commentaires rapides; les citations sont bien choisies, et les notes judicieusement appliquées; la preface, d'un style excellent, renferme des idées élevées et justes.

Ce livre témoigne encore de cette remarquable faculté que possédait Rossel pour la critique militaire, et fait regretter une fois de plus les déplorables aventures que l'auteur a entreprises.

Timothée (Folie)[1] est presque une brochure;

1. Papiers posthumes, page 264.

c'est une fantaisie brodée sur le thème électoral. Le pays est pris de la fièvre des élections ; il s'agit de nommer un président de la République. Timothée, le journaliste populaire du *Petit Journal*, écrit une série d'articles : *Les élections présidentielles dans l'antiquité — Les élections présidentielles au moyen âge — Les élections présidentielles dans les temps modernes — Politique et gouvernement.* Le journaliste s'enivre de ses fictions, l'ambition le mord, il rédige une profession de foi : *Si j'étais président de la République.* Il est nommé. Quoique président, il continue à tenir la plume — *Si j'étais roi !* Tous les jours paraît un article *Si j'étais roi !* Les corps constitués s'assemblent et proposent la couronne au président. « Je ferai ce que le pays voudra », répond Timothée, et il est roi. Maintenant, il passe ses soirées au café, à Bruxelles, et personne ne se doute que c'est l'ex-roi Timothée Ier, chef de la septième ou huitième dynastie.

Il faut lire ces pages ; elles sont charmantes d'esprit, d'entrain, de verve satirique, d'humeur ; le sel gaulois petille sous chaque mot. C'est du Louis Raybaud et du Timon. Il semble que *Timothée* ait jailli de la plume de Rossel par une fraîche matinée de printemps, sous la treille, dans une heure de gaieté et cependant c'est l'œuvre d'un condamné.

Rossel songe à la question sociale. Selon lui l'ouvrier veut comme le bourgeois, nourrir non-seulement sa famille mais ses passions et ses caprices[1]; « il veut que la propriété soit plus aisément accessible à celui qui travaille[2] : » « plutôt que de subir une trop criante inégalité, il fera sauter la société. » Rossel croit que les fédérés se sont battus pour faire triompher ces idées ; il reconnaît du reste, sans hésiter, l'incapacité des oüvriers pour gouverner et même pour remplacer les patrons et les intermédiaires :

« Incapables d'améliorer la gestion de leurs « propres affaires, ils sont encore plus incapables « de gérer les affaires publiques[3]. »

« Que le peuple s'instruise donc, s'il veut avoir « sa part légitime dans la direction des affaires et « dans la répartition de la fortune. Mais pour le « moment, je dirai le mot sans le mâcher, le peu- « ple est trop bête pour nous gouverner : il n'a « pas assez d'idées sérieuses et il a trop d'idées « fausses[4]. »

Rossel n'aime pas les conservateurs, il les croit incapables et indignes de gouverner parce qu'ils ont pour principal mobile la peur[5]; cependant il faut que le gouvernement reste aux mains de la bourgeoisie jusqu'à ce que le peuple soit suffisamment instruit[6].

De toutes ces notes quelquefois justes, souvent

1 Papiers posthumes, page 235.
2. *Id.*, page 236.
3. *Id.*, page 248.
4. *Id* , page 246
5. *Id.*, page 242.
6. *Id.*, page 246.

assez confuses et contradictoires, il ne sort ni une théorie bien nette, ni un système de réforme. Ce sont des pages volantes, écrites en prison, au hasard de la pensée, il ne faut point y voir autre chose; mais quand Rossel parle de lui, de ses actes, alors il est plus net, nous pouvons lire dans sa pensée intime, et nous la retrouvons dans la maison d'arrêt telle qu'elle était en liberté.

Il est de ceux qui pensent que l'aveu d'une faute est un signe de faiblesse ; nous espérions recueillir quelques traces de regrets, mais point : c'est à peine s'il dit :

« Si c'était à recommencer, il est possible que je « n'irais pas servir la Commune, mais il est cer- « tain que je ne servirais pas Versailles[1]. »

Il est vrai que quelques lignes plus haut nous lisons :

« Je crois que je n'ai aucune prévention en fa- « veur des communeux : eh bien, je dois dire que « j'aime mieux — malgré toutes les hontes de la « Commune — j'aime mieux avoir combattu avec « ces vaincus qu'avec ces vainqueurs[2]. »

Peu de jours avant de mourir, Rossel écrit à ses parents. Ce n'est pas sans une profonde émotion qu'on lit ces feuilles. Rossel trouve pour sa famille et ses amis des accents d'une tendresse touchante,

1. Papiers posthumes, page 244.
2. *Id.*, page 241.

son cœur bat, son âme sanglotte; il sait que tout espoir est perdu, mais il espère encore. « Je salue la « mort libératrice : ce qu'elle m'apporte compense « ce qu'elle m'ôte !... et pourtant j'ai soif de vivre « et d'aimer[1]. » .

Pourquoi faut-il que l'orgueil par bouffées lui traverse le cerveau ?

« Ma mort, dit-il[2], sera plus utile cent fois que « ne l'a été ma vie, plus utile que n'eût été une « longue carrière bien remplie ; je ne me plains « pas. »

Et plus loin :

« Quelle faute à ceux qui me tueront ! Une fois « mort, je suis inattaquable. La mort est mon « triomphe ; j'ai rompu ce lien trompeur qui atta- « che le soldat à des chefs même traîtres et infâmes. « J'ai prouvé qu'on pouvait briser ce joug avec « honneur. Si des officiers courageux et patriotes « se courbaient devant des exigences indignes, ac- « ceptaient la fuite, la capitulation, la guerre civile « envers et contre tous, ce n'était pas par crainte « de la mort, mais par crainte du déshonneur. « Vous n'aurez plus désormais cette ressource : « j'aurai appris à tous qu'il y a des jours où un « soldat discipliné et fidèle doit désobéir et peut « désobéir sans se dégrader[3]. »

1. Papiers posthumes, page 323.
2. *Id.*, page 318.
3 *Id.*, page 329.

C'est que Dieu ne l'a pas touché de sa grâce et ne lui a pas donné la suprême consolation du repentir. Il va paraître devant le juge souverain, et, au seuil de la mort, il ne jette pas le cri de l'âme en détresse, il ne trouve pas de larmes de regrets pour arroser cet emblème de la patrie malheureuse, ce drapeau déchiré.

Il tombe dans son orgueil, et c'est là le châtiment.

Le 8 septembre, le procès a lieu. L'acte d'accusation est bref, les débats rapides. Rossel reconnaît les faits, il ne cherche qu'à expliquer les motifs de sa conduite, et déclare qu'il ne s'est jeté dans le mouvement qu'avec la pensée que la révolution devait aboutir à la rupture de la paix et à l'expulsion des Prussiens.

D'honorables témoins, officiers et personnes de distinction, viennent attester de l'excellente conduite antérieure de Rossel, de son intelligence, de son amour du travail, de la douleur qu'il ressentit.

Avant de donner la parole au commissaire du gouvernement, le président demande à Rossel s'il a quelque chose à ajouter à sa défense.

Rossel. — « Je veux dire que, malgré mes convictions très-rigides, le sentiment que j'ai éprouvé n'a pas été moins amer et moins cruel en me séparant de cette armée au sein de laquelle j'étais né et où j'avais passé tous les jours de ma vie.

« Cette séparation, quoique volontaire, a été pour moi un déchirement profond. Encore aujourd'hui, ce qu'il y a de plus pénible pour moi, c'est de me voir juger par cette armée que j'ai combattue, mais que je n'ai jamais cessé d'aimer et de respecter. »

Le commissaire du gouvernement développe l'accusation dont les sept chefs sont :

1° Attentat ayant pour but de détruire ou de renverser le gouvernement ;

2° Attentat ayant pour but d'exciter à la guerre civile ;

3° D'avoir pris le commandement de troupes sans droit ni motif légitime ;

4° De s'être mis à la tête de bandes armées pour résister à la force publique, agissant contre les envahisseurs et les pillards de propriétes nationales ;

5° D'usurpation de titres et de fonctions ;

6° De complicité dans les arrestations illégales et séquestrations de personnes ;

7° De désertion à l'ennemi.

C'est sur ce dernier point surtout que le débat s'engage.

Le commissaire du gouvernement estime que les rebelles doivent être assimilés à l'ennemi.

Me Albert Joly présente la défense.

Il retrace la vie et les travaux de Rossel, et pense que le patriotisme est la seule cause de sa conduite ; à l'appui de cette opinion, il lit une lettre collective des officiers qui ont servi sous les ordres de Rossel à Nevers, et donne lecture d'une pétition adressée par les notables de Metz qui demandent grâce pour l'accusé[1].

En droit, le défenseur n'admet pas d'assimilation possible entre les rebelles et l'ennemi, il développe cette thèse avec talent et conviction ; mais le Conseil ne partage pas son avis et, à l'unanimité, condamne Rossel à la peine de mort et à la dégradation militaire.

Le procès fut jugé par le Conseil de révision le 8 octobre, et le pourvoi en cassation rejeté le 27 du même mois.

L'émotion fut grande. En France, en Angleterre surtout, Rossel trouve des amis inconnus qui chaleureusement plaident sa cause. La jeunesse, l'entraînement, le patriotisme sont invoqués.

Aux démarches individuelles succèdent les démarches collectives. Des personnages en haute situation morale ou politique interviennent. Un plan d'évasion est combiné.

La Commission des grâces de l'Assemblée nationale résiste. Elle ne voit en Rossel qu'un soldat qui, après avoir abandonné son drapeau, a pris les armes pour le combattre.

Le 28 novembre, Rossel est fusillé.

1. Les textes de ces deux pièces ne sont pas dans le *Droit* qui donne la plaidoirie *in extens*

M. le pasteur Passa, quelques secondes avant l'exécution, prononce les paroles qui suivent :

« Colonel Merlin, Rossel me charge, et c'est sa dernière volonté, de vous dire que ses juges ont fait leur devoir, puisqu'ils ont cru le faire et qu'il voudrait, s'ils étaient là, leur serrer à tous la main [1]. »

1. Papiers posthumes, page 377.

CHAPITRE XXIV

CONCLUSION.

« La mort est mon triomphe, » a écrit Rossel.

Non !

La mort est le triomphe du martyr et Rossel n'est pas un martyr.

C'est un ambitieux ; il a joué une partie terrible, il a perdu et il est tombé victime de l'ambition et de la présomption.

Est-il nécessaire de le prouver ?

Ce fut un enfant merveilleusement doué pour l'étude et le travail ; le malheur voulut qu'il entreprît la carrière des armes, si peu en rapport avec ses dispositions morales et physiques. Mais encore dans cette carrière pouvait-il faire un chemin brillant ; l'arme du génie prête plus que les autres à l'étude, il le comprend ainsi et débute par des travaux sérieux ; à son gré, ils ne sont pas assez vite remarqués et alors se développe en lui une ambition impatiente, inquiète, tourmentée.

Pendant la guerre, l'affection devient chronique, l'idée prend du corps et se fixe. Rossel veut arriver à une situation, à un commandement.

Il échoue à Metz; et comment aurait-il pu réussir? En supposant les officiers décidés à élire un chef, pour quel motif auraient-ils choisi Rossel, jeune homme inconnu, sans expérience de la guerre, alors qu'ils avaient devant eux des officiers jeunes aussi, ayant fait campagne et donné des preuves?

Il échoue à Tours, et pourquoi donc là encore devait-il réussir? Ce n'est pas qu'il ne soit entreprenant; au lieu de se faire tout simplement inscrire au bureau de son arme, il voit le ministre en personne; il lui fait part de ses travaux, de ses idées, de ses projets; il prouve son instruction théorique, son intelligence, il montre qu'il connaît les écrits de Napoléon, de l'archiduc Charles, du grand Frédéric; mais puisqu'il connaît si bien Napoléon, ne savait-il pas que Bonaparte ne fut général de brigade qu'après la prise de Toulon et général en chef trois ans plus tard?

Le ministre n'est pas frappé comme saint Paul sur le chemin de Damas, et Rossel se tient pour sacrifié, lui qui n'a jamais conduit au feu une simple compagnie.

Au camp de Nevers, son dépit est extrême. Il songe à donner sa démission après la guerre; il croit qu'il était de taille à conduire l'armée de Metz au secours de la France ; il traite nos généraux d'imbéciles, de podagres ; il entrevoit de gros événements et se tient prêt à réparer ses échecs de Metz et de Tours.

Jusque-là du moins, nous pouvons admettre qu'à côté de cette ambition vivace et accentuée, il existait un désir sincère de se rendre utile et une affliction grande de l'état des choses ; mais encore un coup ce ne sont pas là des mérites.

Qui donc n'était affligé alors ?

Et n'était-il pas du devoir le plus élémentaire de se rendre utile ?

Ces sentiments, même poussés à l'excès, n'autorisent personne à trahir l'obligation librement consentie ou imposée par les lois.

Rossel guettait le torrent débordé ; le 18 mars il se précipite dans l'eau impure, anéantissant ainsi les dons que Dieu lui avait largement départis ; de cette heure, les idées fausses, les contradictions, les faiblesses abondent dans ses actes comme dans ses écrits ; plus un fait, plus une pensée qui ne porte la trace d'un trouble inavoué.

Aucune des justifications qu'il a essayé de donner dans ses lettres et dans ses notes ne resiste à l'examen : il croit que les insurgés de Paris forment un parti qui n'a pas signé la paix et qui ne compte pas dans ses rangs des généraux coupables de capitulation ; mais en supposant que cette pensée, absolument fausse, ait traversé un instant son esprit, le texte même des dépêches, l'assassinat des généraux connu de lui avant son départ, n'étaient-ils pas suffisants pour dissiper l'erreur?

Peu lui importent les faits, la réalité ; il voit une révolte, et dans cette révolte une occasion.

La logique lui devient étrangère : « Dans un seul cas, l'armée peut quelquefais faire la police mieux que la police elle-même, c'est dans le cas d'une guerre civile...... »

« En un mot, il faut exiger de l'armée ce qu'on ne peut faire sans elle, c'est-à-dire de défendre le pays contre l'étranger et, à la rigueur, contre les factions armées. »

Qui a écrit cela en 1870? Rossel. Un an après, la guerre civile éclate, et Rossel se range sans hésitation contre l'armée.

Le capitaine Rossel émet la prétention d'avoir appris à tous qu'un soldat peut rompre ses liens avec honneur, et qu'il peut et doit désobéir en certains cas politiques; le colonel fédéré Rossel n'admet pas qu'on discute les ordres des chefs; il exige que tous, en dépit de leurs opinions politiques, prennent les armes pour défendre la Commune, il traite de réfractaires ceux qui refusent de marcher et ordonne de les parquer comme des bestiaux dans les fossés d'un fort.

Cet homme, qui répondait à Tours que si toutes les places étaient à donner, il prendrait la direction absolue des opérations, qui suppliait le ministre de lui donner les moyens de montrer les raisons de nos défaites passées et de nos insuccès futurs, qui voulait prouver qu'il savait la guerre, qui a écrit qu'avec du galon il eût dégagé l'armée de Metz, va-t-il enfin fournir la preuve du bien fonde de ses prétentions, va-t-il faire éclater ses hautes capacités d'homme de guerre, maintenant qu'il porte les galons de commandant en chef de l'insurrection?

C'est une banalité de dire qu'un bon général peut être vaincu sans cesser d'être bon général, et réciproquement; la qualité d'un commandant en chef ne se mesure pas au résultat obtenu, mais à l'intelligence des efforts déployés en raison des moyens d'exécution. A ce point de vue, Rossel n'a montré aucune qualite militaire. Du premier au dernier jour de l'exercice de son pouvoir, il n'a subi que des echecs, et il n'est pas une seule circonstance où il ait eu d'une façon sérieuse un projet de défense, d'attaque ou d'organisation praticable.

Dans son cabinet du ministère de la guerre, il enfantait, il est vrai, de nombreuses combinaisons, toutes irréalisables avec les éléments dont il disposait; nous sommes tentés de croire qu'en rédigeant ces projets dont il savait l'exécution impossible, et qu'au surplus il abandonnait presque toujours sur l'injonction de la Commune ou du Comité central, il cédait au désir de dégager sa responsabilité, et de prouver postérieurement que, toujours entravé, la défaite ne pouvait lui être imputée; en un mot, il faisait provision d'arguments.

Pour ne citer qu'un exemple : après la prise du fort d'Issy, Rossel ordonne aux fédéres de se retrancher et de se défendre dans le château d'Issy; ce bâtiment se trouve entre la Seine, le fort, et l'enceinte de Paris, le parc du château est à quelques centaines de mètres des glacis du fort. La meilleure troupe d'une armée disciplinée et aguerrie n'aurait pu résister aux feux plongeants du fort, meurtriers à si courte distance. Rossel, cependant, trouve la position très-belle; les fédérés ne sont pas de cet avis et n'essayent même pas de s'y maintenir. De tels ordres sont sans valeur et ne prouvent pas en faveur de celui qui les donne.

La présence de Rossel dans les rangs des insurgés n'a donné aucune force nouvelle au mouvement; sa retraite n'a déterminé aucune faiblesse. Il n'a su être ni général, ni homme politique.

Dans l'opinion publique, jamais Rossel n'a passé pour un chef capable; les fédérés ne le considéraient même pas comme un général et à leurs yeux il était loin d'avoir les qualités militaires de Dombrowski.

Par une contradiction dont l'histoire offre des exemples, on attribue à Rossel une qualité qu'il n'a jamais eue, l'énergie et la force dans l'exécution.

Jamais il n'a montré d'énergie que sur le papier.

Il a été faible devant la Commune, qu'il voulait annuler.

Il a été faible devant le Comité central, auquel il a toujours cédé.

Il a été faible devant les chefs de légion, qu'il voulait faire fusiller.

Il a été faible quand on lui a offert la dictature, qu'il ambitionnait secrètement.

Il a été faible quand il a demandé une cellule à Mazas, et qu'il a fui.

Il a été faible pendant la bataille des rues, quand il se tenait caché alors que les autres combattaient.

Énergique jusqu'à la cruauté lorsqu'il écrivait un ordre, il a toujours été pusillanime en présence de l'action.

Rossel oubliait en toutes circonstances ce vers de Corneille.

« Ayez moins de faiblesse ou moins d'ambition. »

Nous n'avons rien à dire des opinions politiques de Rossel.

Les témoins qu'il a invoqués, lors de son procès, déclarent qu'il n'en avait pas.

Pendant la Commune et après, Rossel se qualifie de révolutionnaire, il se dit aussi républicain, mais il n'explique pas ce qu'il entend par ces mots ; nulle part, dans ses écrits parus jusqu'à ce jour, ne se trouve un exposé concluant de sa foi politique.

Sur cette question, comme sur d'autres, il faut se réserver ; tous les documents concernant Rossel ne sont pas encore publiés. Le seul point acquis, c'est que Rossel tient essentiellement à se poser en revolutionnaire, tout en se disant ennemi des révolutions ; on peut, à la rigueur, admettre cette théorie dans la bouche d'un homme entraîné par un courant irrésistible, que la révolution est venue arracher à son foyer, qui, malgré lui, s'est laissé emporter ; on comprend encore que la révolution, apparaissant soudain comme une. « .... géante à la face effarée, ... » aux yeux d'un être timide et faible, lui arme le bras et le force de marcher par crainte ; ceux-là peuvent dire qu'ils sont revolutionnaires quoiqu'ennemis de la Révolution ; mais rien de semblable n'est arrivé à Rossel, il était dans sa garnison, personne n'est allé le chercher, il est venu spontanément ; il n'était pas ennemi de la Révolution, il l'attendait avec impatience et s'est donné à elle sans contrainte aucune ; sa phrase, « ennemi des révolutions, les circonstances m'avaient jeté dans une révolution, » n'est donc qu'un assemblage de mots à effet comme Rossel se plaît à en faire.

Dans la pratique, Rossel avait une singulière manière de comprendre la politique. Il voulait faire du peuple son chef d'état-major, c'est-à-dire, si nous comprenons bien, charger le peuple de l'exécution des ordres et des lois, et simultanément employer dans de très-grandes proportions les journaux au moyen d'une *organisation de la publicité.* Nous ne pensons pas qu'il faille ajouter à ces théories aucune importance, pas plus qu'aux déclarations sur la question sociale qui ne dépassent pas les lieux communs habituels des clubs. Vaines aussi ces déclarations emphatiques de sacrifice à la Révolution et de dévouement de sectaire.

Nous savons bien qu'on a coutume d'abuser des mots, surtout dans les moments de crise; volontiers on appelle dévouement le plus simple accomplissement du devoir, et si le devoir est rempli avec courage, on le qualifie abusivement d'héroïsme. Se dévouer veut dire se sacrifier; or, le plus grand sacrifice que l'homme puisse faire, c'est le sacrifice volontaire de la vie et de l'honneur.

Rossel n'a pas sacrifié son honneur, puisqu'il prétend que c'est avec honneur qu'il a rompu le lien qui l'attachait à son drapeau; il n'a pas librement sacrifié sa vie, car il a essayé de se soustraire à la justice et il est tombé frappé par la loi.

Mais qu'était-ce donc que ce Rossel?

Il n'a pas surgi spontanément comme naît une fleur dans une nuit d'orage: rongé par un désir immodéré d'ambition, il se classe dès le principe dans la tribu des génies incompris, il guette l'heure; elle sonne enfin, glas sinistre!

Rien ne l'arrête alors, ni le Devoir, ni l'Honneur, ni la Patrie.

La Patrie! Elle était là, pâle, le front meurtri. Et autour de notre mère, sacrée par le malheur, nous nous pressions, nous ses enfants; elle n'était pas morte, le cœur battait et plus que jamais nous lui devions notre amour.

Il ne voit rien, l'ambitieux; il se croit prédestiné. Et quand il est vaincu, il se fait prophète : il ose professer une doctrine nouvelle de l'honneur et de la morale.

Mais il n'aura point de disciples, car le sang du martyr seul féconde la terre.

APPENDICE[1]

3e CONSEIL DE GUERRE
DE LA PREMIERE DIVISION MILITAIRE

(SÉANT A VERSAILLES)

PRÉSIDENCE DE M. MERLIN, COLONEL DU GÉNIE

Seance du 8 septembre 1871.

AFFAIRE ROSSEL. — ATTENTAT CONTRE LE GOUVERNEMENT. — EXCITATION A LA GUERRE CIVILE. — COMMANDEMENT SUPÉRIEUR DE BANDES ARMÉES. — USURPATION DE TITRES ET DE FONCTIONS. — ARRESTATIONS ET SÉQUESTRATIONS. — DÉSERTION A L'ENNEMI.

Pour le jugement du capitaine de génie Rossel, le Conseil de guerre est specialement composé comme il suit :

Président : M. le colonel Merlin.— Assesseurs : M. Pradin de Limière, lieutenant-colonel; M. Bernard, chef de bataillon au 96e bataillon d'infanterie ; M. Ferroux, chef de bataillon au 54e de ligne; M. Gaulet, chef d'escadron à l'état-

1. Le procès est donné d'après le texte du journal le *Droit*.

major des places; M. de Guibert, capitaine au 10e régiment d'artillerie; M. Levallois, capitaine au 7e chasseurs.

M. le commandant GAVEAU occupe le siége du ministère public.

Me Albert JOLY est chargé de la défense de l'accusé.

La salle d'audience des Grandes-Écuries est aujourd'hui complétement garnie; jamais encore nous n'avions vu tant de monde.

Rossel paraît avoir cinq ou six ans de plus que son âge; ses traits sont bien accentués; son teint brun et pâle, ses joues creuses, ses yeux noirs enfoncés sous l'arcade sourcilière projettent un regard ferme et intelligent, bien que la vue paraisse faible. Rossel se tient généralement immobile. Il ne s'est un peu animé qu'à un certain moment de son interrogatoire.

La séance est ouverte à midi un quart, et M. le greffier donne lecture de l'ordre de mise en jugement sur les conclusions du ministère public. Les chefs d'accusation sont :

1° Attentat ayant pour but de détruire ou de renverser le gouvernement;

2° Attentat ayant pour but d'exciter à la guerre civile;

3° D'avoir pris le commandement de troupes, sans droit ni motif légitime;

4° De s'être mis à la tête de bandes armées pour résister à la force publique, agissant contre les envahisseurs et les pillards de propriétés nationales;

5° D'usurpation de titres et de fonctions;

6° De complicité dans les arrestations illégales et séquestrations de personnes;

7° De désertion à l'ennemi: crimes prévus et punis par les art. 52, 60, 87, 88, 91, 93, 96, 258, 341 du Code pénal ordinaire, et par l'art. 238 du Code de justice militaire.

Sur les questions de forme qui lui sont adressées par M. le président, l'accusé répond d'une voix ferme :

Louis-Nathaniel ROSSEL, vingt-sept ans, né à Saint-Brieuc (Côtes-du-Nord), capitaine du génie.

Mon dernier domicile était au camp de Nevers.

M. le greffier donne lecture du rapport résumant la procédure et qui est conçu en ces termes :

M. le capitaine du génie Rossel était attaché à la place de Metz pendant la guerre contre la Prusse. Il s'évada sous un déguisement le jour même de l'entrée des Prussiens, et, passant par la Belgique et l'Angleterre, il se rendit à Tours auprès de M. Gambetta. Chargé par ce dernier d'aller dans le Nord de la France, avec mission de s'assurer des forces militaires et des moyens de défense dont on pouvait disposer, il fut, à son retour, dans les premiers jours de décembre, nommé colonel auxiliaire, directeur du génie au camp de Nevers; c'est dans cette position que nous le trouvons lorsqu'a éclaté l'insurrection parisienne.

Une dépêche publiée par les journaux lui apprend que le gouvernement a quitté Paris et que cette ville est au pouvoir du mouvement insurrectionnel. A cette nouvelle, M. Rossel n'hésite pas. Il écrit immédiatement au ministre de la guerre à Versailles pour l'informer qu'il se décide à abandonner son poste et à se rendre à Paris pour offrir ses services à l'insurrection.

M. Rossel reconnaît parfaitement la lettre, avoue qu'en l'écrivant il appréciait complétement la gravité de l'acte qu'il commettait comme militaire. De plus, il n'a obéi à aucune influence étrangère. Il répète à l'instruction que, sachant d'une part le gouvernement disposé à se défendre, d'autre part, considérant l'importance du mouvement insurrectionnel qui constituait par le fait le commencement d'une guerre civile, il s'est rangé immédiatement du côté des rebelles.

A son arrivée à Paris, il se met immédiatement en relation avec les membres du comité du dix-septième arrondissement; présenté par eux au comité central de l'Hôtel-de-Ville, il reçoit le commandement de la légion du dix-septième arrondissement. Son zèle à établir la discipline dans la légion mécontenta le comité d'arrondissement, qui le fit arrêter le 2 avril.

Relâché par les soins d'un de ses officiers, il est choisi par le sieur Cluseret, délégué à la guerre, pour remplir les fonctions de chef d'état-major. Il a occupé ce poste jusqu'au 26 avril. A cette époque, il donne sa démission, qui est acceptée, tout en continuant officieusement son service jusqu'aux derniers jours du mois. Le 30 avril, M. Rossel est nommé provisoirement délégué à la guerre.

Pendant la période qui a précédé sa nomination de délégué, M. Rossel fut chargé par la Commune de présider la Cour martiale. Cette Cour, instituée par la Commune le 16 avril, avait spécialement pour mission de juger sommairement les citoyens qui refusaient de marcher contre l'armée française.

Les principales peines appliquées étaient la mort, les travaux forces, la détention, etc., etc. La peine de mort était surtout fréquemment appliquée. Le président se faisait remarquer par sa rigueur inflexible et le zèle ardent qu'il a mis, du reste, jusqu'au 10 mai, avec une constance infatigable au service de la Commune. C'est sans doute ce zèle qui le fit choisir pour les fonctions dont nous le trouvons investi le 30 avril.

Les premiers ordres émanés de son commandement et signés par lui ont été publiés par le *Journal officiel* de la Commune dans son numéro du 2 mai; ils concernent les officiers d'état-major et la centralisation de l'artillerie de l'insurrection. Jusqu'au 9 mai, chaque jour voit paraître de nouveaux ordres et arrêtés, signés par le délégué à la guerre. Dans ces fonctions, M. Rossel était aidé par une commission composée des nommés Arnold, Avrial, Delescluze, Tridon et Varlin, chargés des détails du service, mais qui lui laissaient toute l'initiative.

Le 10 mai, la Commune décrète l'arrestation de M. Rossel; il a le temps d'échapper en compagnie du nommé Gérardin, et se cache dans Paris jusqu'au moment de son arrestation définitive, opérée le 7 juin par les agents de l'autorité régulière. Déguisé en contre-maître du chemin de fer de l'Est, il possédait même une lettre adressée à un nommé

Tuébois, contre-maître du chemin de fer de l'Est, par le chef du matériel de la Villette, dans le but de se créer une fausse identité. Reconnu par plusieurs témoins, il se décida à avouer son nom et ses titres.

Le capitaine Rossel, en acceptant successivement les fonctions de chef de légion, de président de la Cour martiale, de délégué a la guerre, a occupé volontairement des emplois militaires au service de l'insurrection; il a fait acte de gouvernement comme ministre; tous ses ordres, arrêtés en parfait accord avec la Commune, ont été exécutés.

Pendant son séjour au ministère, il a spécialement dirigé les opérations militaires contre l'armée du gouvernement régulier. Sans être membre de la Commune, il a tout fait jusqu'au 10 mai pour la rendre victorieuse, et, en acceptant les pouvoirs militaires qu'elle lui a confiés, il est devenu responsable par ce fait même des actes commis par les chefs des bandes armées de l'insurrection.

Son arrestation du 10 mai ne lui lève rien de sa culpabilité; son trop de zèle et d'activité a excité les soupçons de la Commune; enfin, comme il l'avoue lui-même, aucune influence étrangère n'a dicté sa conduite dont il accepte toute la responsabilité, et il n'a pas hésité un instant, malgré sa position de militaire et le grade qu'il avait dans l'armée, à porter les armes contre la France.

En présence de ces faits, notre avis est que M. Louis-Nathaniel Rossel, capitaine du génie, soit traduit devant le Conseil de guerre, pour :

1° S'être rendu coupable de désertion à l'intérieur ;

2° Avoir participé à un attentat ayant pour but de changer la forme du gouvernement, d'exciter à la guerre civile en armant les citoyens les uns contre les autres;

3° Avoir levé et fait lever des troupes armées, fait engager et enrôler des soldats, fourni et procuré des armes et munitions sans ordre ni autorisation du pouvoir légitime;

4° Ayant le commandement de bandes armées, les avoir dirigées dans l'attaque et la défense contre la force publique agissant contre ces bandes qui ont envahi pour les piller et les dévaster les propriétés, les forteresses, les magasins, les postes, les arsenaux et les bâtiments appartenant à l'État;

5° Avoir ainsi, comme militaire, porté les armes contre la France :

Crimes prévus et punis par les art. 231, 233 et 204, 208 du Code de justice militaire, 91, 92, 96, 97 du Code pénal ordinaire.

Après l'appel des témoins, qui sont au nombre de quinze, M. le président procède à l'interrogatoire de l'accusé.

M. LE PRÉSIDENT. — Avant d'être appelé à Metz, où étiez-vous?

ROSSEL. — A Bourges.

M. LE PRÉSIDENT. — Vers la fin du blocus, à Metz, vous avez tenté une manifestation. Quel était votre but?

ROSSEL. — De passer à travers les lignes et d'échapper à la capitulation.

M. LE PRÉSIDENT. — Vous avez provoqué une réunion d'officiers.... Ce n'était pas régulier ?

ROSSEL. — La réunion avait été provoquée par le général Clinchant, je me suis échappé en paysan, et j'ai gagné la Belgique, de là je suis allé en Angleterre, puis à Tours, où M. Gambetta me confia une mission d'études sur les forts et l'armement du Nord de la France. Après avoir accompli cette mission, je revins à Tours, mais je n'eus pas le temps de rendre compte complétement de ma mission, je fus envoyé comme colonel auxiliaire au camp de Nevers.

M. LE PRÉSIDENT. — Vous reconnaissez cette lettre écrite par vous au ministère de la guerre?

ROSSEL. — Oui, mon colonel.

M. LE PRÉSIDENT. — Expliquez-nous quel sentiment a pu vous porter à écrire cette lettre.

ROSSEL, après quelques secondes de silence. — Mon colonel, je jugeais la paix qui venait d'être conclue comme pernicieuse pour la France. Voyant ce mouvement se produire, il me parut qu'il serait toujours tourné finalement contre les Prussiens.

M. LE PRÉSIDENT. — Une insurrection se produit contre le gouvernement régulier, et vous, militaire, vous n'hésitez pas, vous allez tout droit à l'insurrection. Vous êtes intelligent, vous deviez bien penser que la garde nationale, insurgée contre l'armée régulière, ne suffirait pas à chasser les Prussiens.

ROSSEL. — Sans doute, mais ce mouvement devenant révolutionnaire, devait aboutir à la rupture de la paix et amener l'expulsion des Prussiens.

M. LE PRÉSIDENT — Ainsi, nous n'avez pas agi par ambition personnelle?

ROSSEL. — Non, mais pour l'amour de mon pays.

M. LE PRÉSIDENT. — Eh bien, ce que vous devez savoir, c'est que quand on abandonne son drapeau, le drapeau de son pays, même en cas de succès, il n'en reste pas moins une tache qui ne s'efface jamais.

ROSSEL. — Est-ce qu'il est resté une tache sur le maréchal Ney en 1815, et sur les militaires qui l'ont suivi?

M. LE PRÉSIDENT. — C'était toute l'armée?

ROSSEL — Pardon, mon colonel, c'était un mouvement insurrectionnel.

M. LE PRÉSIDENT. — Les appréciations personnelles nous conduiraient trop loin. Quand vous êtes arrivé à Paris, vous avez été reçu à bras ouverts.

ROSSEL. — Bien loin de là. Ce sont des amis que j'avais à Paris qui m'ont présenté à la Commune. Je fus d'abord nommé chef de légion du dix-septième arrondissement et enfin délégué à la guerre.

M. LE PRÉSIDENT. — Vous aviez des troupes indisciplinées?

ROSSEL. — Aussi indisciplinées que possible. C'était surtout l'ivrognerie et le changement fréquent des chefs qui désorganisaient tout. J'ai eu des raisons pour ne pas rester auprès de Cluseret.

M. LE PRÉSIDENT. — Il avait des talents militaires?

ROSSEL. — Oh! oui, il avait certainement des connaissances militaires.

M. le Président. — Vous avez présidé la commission des barricades?

Rossel — Pour Cluseret qui m'en avait chargé. Du reste, les barricades devaient être construites non pour être défendues, mais précisément au contraire pour qu'on ne fût pas forcé de les défendre. Cela est parfaitement résumé dans les rapports de Gaillard père ; il dit que les barricades avaient principalement pour but de donner confiance aux hommes qui étaient sur les remparts.

M. le Président. — Enfin, vous avez réuni tous le pouvoirs militaires? Vous avez été nommé délégué à la guerre?

L'accusé Rossel explique que la commission exécutive le fit nommer délégué à la guerre, et fut remplacée le lendemain par le Comité de salut public.

M. le Président. — Est-ce qu'il n'y avait pas quelque chose de pénible pour vous de voir tous ces noms étrangers, tous ces vagabonds à côté de la garde nationale, et de commander une pareille troupe?

Rossel. — Oh! sans doute; mais Dombrowski n'est pas un nom inconnu, c'est celui d'un général de l'Empire.

M. le Président. — Eh bien, il y a un homme, un Polonais, dont vous auriez pu suivre l'exemple, c'est Denbenski, il a noblement refusé de prendre parti dans une guerre entre Français. Jusqu'à quelle époque avez-vous conservé vos fonctions?

Rossel. — Jusqu'au 9 mai.

M. le Président. — Avez-vous fait exécuter des arrêts de la Cour martiale que vous présidiez?

Rossel. — Non, mon colonel.

M. le President. — Qu'avez-vous fait depuis le 9 mai.

Rossel. — Je suis resté caché dans une maison du boulevard Saint-Germain.

M. le Président. — Ce M. Tirolay, dont vous aviez une lettre quand vous avez été arrêté, était un de vos amis?

Rossel. — Je ne le connais nullement; le hasard a fait

tomber ce papier entre mes mains et je l'ai conservé pour favoriser ma fuite.

M LE PRESIDENT. — Reconnaissez-vous cet ordre donné par vous au général La Cécilia?

ROSSEL. — Oui, mon colonel.

M. LE PRESIDENT. — Ces ordres étaient dirigés contre l'armée régulière?

ROSSEL. — Comme tous mes actes pendant que j'ai servi la Commune.

M. LE PRÉSIDENT. — Vous reconnaissez cet ordre de faire fusiller ceux qui refuseraient de marcher?

ROSSEL. — Ces hommes, les gardes nationaux, touchaient la solde, touchaient les vivres, ils acceptaient volontairement la situation de militaires.

M. LE COMMISSAIRE DU GOUVERNEMENT. — Le commandant Giraud, condamné par la Cour martiale, n'était pas dans ces conditions?

ROSSEL. — Il avait touché la solde, les vivres, et au moment d'aller au feu, il refusait de conduire ses hommes parce que, disait-il, on les avait dérangés déjà deux fois dans la journée.

M. LE PRÉSIDENT. — C'était un garde national, chargé par conséquent d'un service intérieur et non forcé d'aller faire le coup de feu au dehors contre l'armée régulière.

ROSSEL. — Pardon, mon colonel, il était officier, élu postérieurement à l'insurrection, il était l'homme de l'insurrection et il s'est affirmé ainsi jusqu'à sa condamnation à mort; et même encore après dans son recours en grâce, il se dit tout dévoué à la Commune.

M. LE PRESIDENT. — Vous avez connu Lullier?

ROSSEL. — Je l'ai vu une fois ou deux à Bordeaux; je n'ai pas eu d'autres relations avec lui.

L'accusé fait observer qu'une pièce du dossier paraît lui imputer d'avoir donné des ordres rigoureux contre les prisonniers. Il proteste contre cette accusation. Il ne s'est jamais occupé des prisonniers que pour les faire mettre en liberté quand cela lui a été possible.

AUDITION DES TÉMOINS.

Louis-Alfred LEFRANÇAIS, soixante-deux ans, intendant général inspecteur.

Me Albert JOLY. — Ce que nous recherchons, c'est de savoir si les mobiles que l'accusé donne de sa conduite peuvent être acceptés. L'audition des témoins peut nous éclairer sur ce point en nous faisant connaître ses antécédents.

Le témoin a connu Rossel à l'École d'application de Metz; c'était le modèle des bons élèves et il annonçait devoir être un de nos meilleurs officiers. Enfin, je n'ai que du bien à dire de lui.

Il n'est pas à ma connaissance, dit le témoin, que Rossel s'occupait de politique. Quand je commandais l'École de Metz, pas un élève ne s'occupait de politique. Je connaissais Rossel mieux que les autres, car je le recevais souvent le soir chez moi. Il était rempli de moralité, religieux et esclave de ses devoirs.

Adolphe-Jean PETIT, colonel du génie. — J'ai connu Rossel à l'Ecole d'application de Metz ; c'était un élève hors ligne. Dans les grands examens, il fut classé le second ou le troisième, je crois.

Je l'ai perdu de vue naturellement en 1866, quand il a quitté l'École; mais quand il revenait à Metz voir sa famille, je l'ai revu.

Il semblait à tout le monde réunir toutes les qualités pour faire un excellent officier. Je n'ai jamais entendu dire qu'il s'occupât de politique. Cependant, quand il fut chargé des travaux de fortification, on lui reprocha de s'occuper un peu trop de ce qui se passait à l'extérieur et pas assez de son service.

Me Albert JOLY. — Le caractère de Rossel, tel que le connaît le colonel, étant donné, n'est-il pas admissible que, sans idée d'ambition personnelle, l'exaltation seule lui ait fait prendre la résolution de se ranger du côté de l'insurrection.

Le Témoin. — Je ne connaissais pas Rossel assez intimement pour l'observer ainsi ; je ne puis rien dire à cet égard.

Hippolyte Thézenas, lieutenant-colonel du génie. — J'ai connu Rossel l'année dernière, au moment de la déclaration de guerre. C'était un bon officier, s'occupant bien de son service et ne donnant lieu à aucun reproche. Lors de la déclaration de guerre, il fit une demande pour faire partie de l'armée active ; on ne lui fit pas de réponse, et il vit un autre officier, qui n'avait rien demandé, obtenir cette faveur.

Cela l'agita, l'irrita beaucoup et il voulait absolument donner sa démission et même l'envoyer directement parce que je me refusais à la transmettre, pour lui donner le temps de réfléchir; son intention était, après avoir déposé ses épaulettes, de partir simple soldat. Enfin, j'obtins qu'il fût appelé dans l'armée active et il partit avec empressement.

Me Albert Joly. — Et c'était bien par patriotisme?

M. le Président. — Nous admettons bien volontiers que le patriotisme ait eu la plus grande part dans cette résolution ; mais il y a toujours aussi le désir d'avancer.

Jules Zédé, trente-quatre ans, chef de bataillon au 45e.— Rossel était un excellent officier. Je l'ai connu à Bourges et à Metz

M. le Président. — Qu'avez-vous pensé quand il a quitté le camp de Nevers?

Le Témoin. — Je considère Rossel comme un homme d'une haute intelligence, j'ai pensé qu'il avait des raisons sérieuses.

Me Albert Joly. — Le témoin ne pense-t-il pas que les souffrances éprouvées par Rossel à la suite de la capitulation de Metz lui ont exalté l'esprit au point d'expliquer sa résolution?

M. le Président. — Après cette capitulation, tous les officiers ont bien souffert ; je n'admets pas que Rossel ait souffert plus que d'autres.

Me Albert Joly. — Je ne veux pas dire qu'il ait souffert plus que d'autres; mais enfin les autres désespéraient, et lui croyait encore le triomphe possible; à ce point de vue-là, l'exaltation a dû être plus grande chez lui.

M. Badova, capitaine du génie.

Ce témoin a connu Rossel très-exalté par les malheurs de la guerre et demandant la continuation de la lutte. Rossel a écrit au témoin vers la fin de février qu'il voulait donner sa démission et passer en Amérique.

M. Justin Clinchant, général de division.

M. le Président. — Vous avez connu Rossel quand il a été envoyé à Metz.

Le Témoin. — Oui, monsieur le président. Il me fit une visite dans le courant du mois de septembre; il revint plusieurs fois, et notre conversation roula toujours sur les meilleurs moyens de défendre la place et de la débloquer. Inutile d'ajouter que ce problème n'a pas eu de solution.

M. Rossel m'a demandé un jour la permission de suivre comme volontaire la compagnie franche de ma brigade dans une sortie; je le lui permis, et il s'attacha à étudier la manière de se garder adoptée par les Allemands. Je sais encore qu'un soir, M. Rossel est sorti de la place déguisé en paysan; il voulait tenter de franchir les lignes. Il fut pris par les Prussiens, mais il leur dit qu'il était ingénieur et qu'il avait tenté de sortir parce qu'il mourait de faim; les Prussiens le renvoyèrent.

M. le Président. — Dans les derniers jours de l'investissement, n'a-t-il pas été question d'un projet de sortie?

Le Témoin. — En effet, on vint me trouver de la part de plusieurs colonels et me demander dans le cas où l'on pourrait réunir quarante mille hommes, si je voulais en prendre le commandement. Je répondis que dans l'état où était l'armée, je doutais que l'on pût réunir quarante mille homme, voulant marcher. Néanmoins, j'allai voir ces colonels et jusque-là M. Rossel n'avait pas paru dans cette affaire, il n'y était pour rien. On convint que si l'on pouvait réunir seulement vingt mille hommes on tenterait une sortie.

C'est alors que je vis Rossel à cette occasion. Il était très-exalté et très-patriote. C'était un homme d'un caractère très-entier et très-résolu dans ses desseins et dans leur exécution.

Me Albert JOLY. — Le témoin peut-il nous dire pourquoi Rossel voulait franchir les lignes?

LE TÉMOIN. — Il voulait informer le gouvernement de la défense nationale de ce qui se passait à Metz.

Eugène BRISSON, trente-neuf ans, ancien administrateur au camp de Nevers.

Je n'ai eu aucune relation avec M. Rossel depuis le 18 mars, quoique j'aie essayé d'en avoir. Le général Vergne voulait tenter de le faire revenir; il envoya demander au ministre de la guerre l'autorisation d'aller avec moi à Paris dans ce dessein. La dépêche resta sans réponse, et c'est malheureux, car je ne doute pas que Rossel n'eût écouté la voix de l'amitié. C'était un homme très-actif, très-intelligent, qui avait organisé en quelques semaines des compagnies qui servaient de modèles au camp.

M. LE PRÉSIDENT. — Quelle a eté votre impression quand vous avez vu le parti qu'il prenait?

LE TEMOIN. — Je l'ai vu exalté jusqu'à la colère par la capitulation de Metz. C'est, à mon sens, cette exaltation qui l'a conduit ou il est. Dans une conversation il me disait, « non pas que Paris ne se défendrait pas, mais qu'il capitulerait et qu'on devait continuer la guerre, qu'il y avait encore assez de patriotes pour tenir dans l'Auvergne ou dans les Cévennes. »

Le témoin fait observer qu'un décret du 7 mars relève de leurs fonctions les officiers du camp; de plus, le général Vergne m'a envoyé, le 19 mars, une démission de Rossel.

M. LE PRESIDENT. — Elle n'est pas au dossier.

Me Albert JOLY. — C'est la lettre adressée au ministre par Rossel; il n'y en a pas d'autre.

M. LE PRESIDENT. —Quant aux idées de résistance à outrance de Rossel, un homme intelligent comme lui devait bien penser que si un pays comme l'Espagne, par exemple, peut tenir indéfiniment, à cause de sa forme topographique, il n'en est pas de même des plaines de la France.

Rossel. — Mon colonel, les conditions de résistance changent en France avec les conditions géographiques. Dans le Languedoc, par exemple, on pourrait tenir indéfiniment et épuiser des armées.

M. le Président. — Je suis tout à fait de votre avis; mais vous ne songez pas que les trois quarts de la France étaient ruinés pour quinze ou vingt ans peut-être.

Jean-Baptiste Vergne, quarante-six ans, ancien capitaine de frégate, commandant supérieur du camp de Nevers.

Le témoin, qui commandait le camp de Nevers, témoigne de l'exaltation tout à fait anormale produite sur Rossel par la capitulation; il passait des nuits sans sommeil, des jours entiers sans parler; il est certain que son exaltation touchait à la démence, et l'accusé est parti pour Paris sans savoir ce qu'il faisait. Il avait pour toute ambition celle de défendre son pays, il ne pensait qu'à cela; jamais il ne s'était occupé de politique, et il est certain qu'au premier mot d'un ami, il serait revenu. C'est pour cela que j'ai demandé par dépêche au ministre l'autorisation d'aller le chercher à Paris. Je n'ai pas reçu de réponse.

Julien Girard, trente-neuf ans, représentant du peuple à l'Assemblée nationale. — J'étais préfet de la Nièvre et j'ai vu fréquemment Rossel au camp de Nevers à l'occasion de son service. Je me suis souvent entretenu avec lui; il m'a semblé très-pénétré des faits qui s'étaient passés sous ses yeux à Metz; il était convaincu qu'on n'avait pas fait ce qu'on pouvait faire; il regardait la capitulation comme le résultat d'une trahison longuement préméditée. Vous comprenez son irritation, et il était très-décidé à tout sacrifier pour son pays. C'est, à mon avis, un homme d'une haute intelligence.

Quand j'ai appris qu'il était parti pour Paris, j'ai été très-vivement ému, d'abord pour lui et ensuite parce que, en raison de ses capacités militaires, je le regardais comme un adversaire très-dangereux pour le gouvernement de Versailles.

C'est alors que j'ai cherché les moyens de le faire revenir, et malheureusement je ne m'y suis pas pris assez tôt. J'ai écrit un petit billet dans lequel je lui demandais une entrevue. Ce billet, je crois qu'il ne l'a pas reçu, car, trois jours après, il avait quitté ses fonctions.

M. LE PRESIDENT. —Avez-vous remarqué qu'il eût des idées politiques particulières?

LE TÉMOIN — Nullement! Nous ne nous occupions absolument que de la défense.

Germain-François-Sébastien RAMPON, directeur des postes et député de l'Yonne, allié de Rossel

Je ne connais pas les motifs particuliers ou personnels qui ont décidé Rossel à partir; ce que je sais, c'est qu'il pensait qu'on devait continuer la guerre. C'était chez lui une opinion très-arrêtée. Je crois que cette conviction, très-profonde chez lui, lui a fait considérer comme utile de prendre part à un mouvement qui devait ramener la guerre.

M. HÉBRARD, rédacteur du *Temps*, cité comme témoin, est absent.

Hubert-Marius CHABERT, quarante-quatre ans, garde du génie.

M. Rossel est venu me demander des cartes des principales villes fortes de France, occupées par les Prussiens, pour recommencer la lutte contre eux après l'insurrection. J'ai dû refuser ces cartes.

Me Albert JOLY. — C'était le 28 avril. le Conseil comprend l'importance de ce témoignage.

François-Joseph BARTHEZ, trente-deux ans, médecin, boulevard Saint-Germain.

Me Albert JOLY. — Le témoin sait que M. Rossel n'a pas quitté l'hôtel depuis le 10 mai jusqu'au 7 juin

LE TÉMOIN. — C'est exact: j'habitais le même hôtel. M. Rossel n'est pas sorti; il passait son temps à lire et à travailler sur les cartes de l'état-major.

Arthur-Théophile-Pierre PELLERIN, vingt-huit ans, professeur à Nantes. — J'étais au camp de Nevers comme officier du génie auxiliaire sous les ordres de Rossel. Je l'ai

14

toujours connu manifestant le vif désir de voir la lutte se continuer contre les Prussiens.

M. LE PRÉSIDENT. — Vous n'avez eu aucun pressentiment de son départ pour Paris ?

LE TÉMOIN. — Non, monsieur le président, jamais je ne l'ai entendu parler de politique et je ne connaissais pas ses opinions, quoique pendant un an j'eusse vécu dans son intimité à Bourges. C'est à ce point qu'en allant voter au plébiscite, Rossel n'ayant pas de bulletin, ce n'est pas sans hésitation que je lui présentai un bulletin *non* que j'avais en poche.

L'audience est suspendue pour un quart d'heure. Elle est reprise à deux heures et demie.

A la reprise de l'audience, M. le commandant GAVEAU, commissaire du gouvernement, prononce son réquisitoire.

Monsieur le président,
Messieurs les juges,

J'ai à remplir une mission pénible. Je dois établir devant vous et devant l'armée entière, si intéressée dans ce procès, qu'il se trouvait dans nos rangs, au moment où était adressé un pressant appel au dévouement et à l'esprit de sacrifice de tous, il s'est trouvé un officier qui, violant le serment le plus sacré, a tourné contre la patrie les armes qu'il avait reçues pour la défendre. Tâche douloureuse que j'accomplirai en peu de mots, car je m'adresse à des juges qui ont pour mission de sauvegarder l'honneur militaire.

Le 19 mars dernier, au moment où la nouvelle de l'insurrection parvenait à Nevers, l'accusé, capitaine du génie, adressait au ministre de la guerre cette lettre étrange qu'il appelle sa démission. Il partait le même jour pour Paris et se présentait, à son arrivée, au comité central, directeur du mouvement insurrectionnel. Il fut nommé successivement aux fonctions suivantes : commandant supérieur du XVIIe arrondissement, chef de légion, chef d'état-major de Cluseret, président de la commission des barricades, président de la

Cour martiale, enfin délégué à la guerre et chargé de la direction des opérations militaires.

Par cette conduite criminelle, l'accusé a trahi tous ses devoirs comme homme, comme citoyen, comme soldat.

Comme homme, en pactisant, lui, officier intelligent et instruit, avec des misérables qui devaient terminer leurs forfaits par l'assassinat et l'incendie; comme citoyen, en choisissant, pour commettre cette trahison, le moment où la patrie avait le plus besoin du concours de tous ses enfants; comme soldat, en reniant le drapeau tricolore pour prendre en main l'étendard de la révolte, souillé déjà du sang de deux généraux.

La solidarité qui relie étroitement tous les membres de l'armée fait rejaillir sur nous tous la tache indélébile qu'il a imprimée à l'honneur militaire. Cette conduite criminelle implique plusieurs chefs d'accusation. Les deux premiers sont l'attentat contre le gouvernement et l'attentat ayant pour but d'exciter à la guerre civile. Le premier consiste dans les offres de service de l'accusé au gouvernement insurrectionnel, dans les fonctions importantes qu'il a occupées, et surtout dans sa déclaration au ministre : « Instruit par une dépêche de Versailles qu'il y a deux partis en lutte dans le pays, je me range sans hésitation du côté de celui qui n'a pas signé la paix, etc. » Le deuxième résulte des pièces contenues dans son dossier, notamment dans une invitation adressée aux communes voisines de se mêler à la révolte.

En outre, l'accusé a à répondre du fait d'avoir pris, sans ordres du pouvoir légitime, le commandement d'une troupe armée; d'avoir, en exerçant les fonctions de délégué à la guerre, exercé le commandement supérieur de bandes armées pour faire résistance à la force publique.

Les divers mandats qu'il a remplis constituent d'ailleurs l'usurpation de titres, de fonctions publiques, définie par l'article 258.

L'accusé a été président de la commission des barricades, et la lecture des pièces éclairera le Conseil sur la part qu'il y a prise.

Il a été président de la Cour martiale et, en cette qualité, il a rendu des jugements qui achèvent de constituer le crime prévu par l'art. 341, la séquestration de personnes. A ce sujet, je rappellerai au Conseil que, créées par la loi du 29 octobre 1790, les Cours martiales ont été instituées pour juger des crimes contre l'honneur militaire, commis devant l'ennemi et par des soldats légalement liés au service du pays; je l'ai dit déjà, l'application de cette juridiction sommaire envers des gardes nationaux qui refusaient de marcher contre le gouvernement légitime était déjà une atteinte criminelle aux droits des citoyens. Les condamnations prononcées constituent de nouveaux attentats. Vous aurez donc à appliquer à l'accusé les art. 341 et 342 du Code pénal, car la séquestration des personnes condamnées a duré plus d'un mois.

Je passe maintenant au crime qui domine tous les autres, au fait de désertion à l'ennemi, prévu par l'art. 238.

De tout temps, messieurs, le crime de trahison a été puni des peines les plus rigoureuses. Chez les Romains, le soldat qui passait à l'ennemi subissait la torture, puis il était condamné à être livré aux bêtes ou à la fourche, après avoir été dégradé. La loi du 12 mai 1793 comprend l'article suivant : « Art. 1er. Tout militaire qui passe à l'ennemi ou chez les rebelles sera puni de mort. »

La loi du 30 prairial an III (18 juin 1795) détermine les peines à infliger aux individus qui, après avoir prêté serment à la République, ont conspiré contre elle, et elle indique que le fait de passer aux rebelles est puni de la peine édictée contre ceux qui passent à l'ennemi. La loi du 1er vendémiaire an IV (23 septembre 1795) attribue d'ailleurs aux chouans la qualification de rebelles.

J'insiste sur cette appréciation du législateur, parce que j'aurai à la faire valoir contre la prétention qui pourrait s'élever relativement à la teneur de l'art. 238.

La loi du 21 brumaire an V porte à son art. 1er : « Tout militaire qui passera à l'ennemi sera puni de mort. »

Ici le mot rebelles a disparu; mais, d'après le commentateur, il est bien évident que le législateur n'a pas entendu abolir l'art. 1er de la loi du 12 mai 1793, et un militaire qui déserterait pour passer aux rebelles, tels que furent les Vendéeds sous la première Révolution et sous le Consulat, devrait être mis en jugement en vertu de cet article qui subsiste toujours et qui, loin d'avoir été abrogé, se trouve confirmé par l'art. 2 de la loi du 30 prairial an III.

L'article 238 du code de justice militaire reproduit les mêmes dispositions.

Ce qui prouve, conformément aux commentaires de Foucher, que le législateur a entendu assimiler dans l'article 238 les rebelles à l'ennemi, c'est qu'il les a nommés dans l'art. 208, qui punit l'embauchage; 211, qui punit l'abandon de son poste; 212, qui punit la sentinelle endormie; 218, qui punit le refus d'obéir; 219, qui punit la violation de la consigne. Et, si ce mot de rebelles n'est pas indiqué à l'art. 238, c'est qu'il s'y trouvait déjà consacré par la jurisprudence.

L'accusé prétend que c'est en haine des capitulations signées dans la dernière guerre qu'il s'est jeté dans l'insurrection. Il dit qu'il eût prêté son concours à tout gouvernement protestant contre ces traités. Mais en supposant que ce sentiment l'ait guidé, pourquoi imputer ces capitulations au gouvernement d'alors, qui n'y avait eu aucune part, puisqu'il n'avait été institué qu'après l'armistice.

S'il y a des coupables, les premiers sont ceux qui, en présence des préparatifs ostensibles de la Prusse, refusaient les moyens de réorganiser notre état militaire, sous le prétexte que les armées permanentes avaient fait leur temps ; ce sont ceux qui poussaient à la guerre, sachant que nous n'étions pas en mesure de la soutenir; ce sont enfin ceux qui ont jeté deux cent mille hommes dans le coin formé par la Lauter et le Rhin, tandis que six cent mille Prussiens se déployaient de l'autre côté, et les enveloppaient pour fondre ensuite sur eux en masse supérieure ; mais le gouvernement actuel n'est pour rien dans ces faits.

Quant au traité de paix, la France a dû le subir; la

guerre à outrance prêchée alors n'eût fait qu'accroître ses désastres.

Non, messieurs, ce n'est pas là seulement ce qui a poussé l'accusé à la trahison; il a eu un autre et puissant mobile, une ambition outrée.

Capitaine à vingt-quatre ans, après cinq ans de services effectifs, en possession de ce grade depuis moins de deux ans, n'ayant d'autre campagne que celle du siége de Metz, l'accusé devait s'estimer heureux, surtout en voyant ses camarades, hommes de mérite, attendre patiemment pendant de longues années le grade de chef de bataillon. Je ne mets pas en doute son intelligence et ses capacités, mais le corps auquel il appartient, réputé à juste raison arme savante, ne manque pas d'officiers d'élite.

Il avait sans doute la prétention de conserver le grade de colonel qui lui avait été attribué en dehors de toutes les règles à la suite d'une inspection des forces militaires du Nord.

Je termine, messieurs, en vous adjurant d'appliquer rigoureusement la loi, car il s'agit ici de réprimer le plus grand crime qui puisse être commis sous l'uniforme que nous avons l'honneur de porter, et de faire un exemple éclatant qui garantisse à l'avenir l'armée de défaillances aussi coupables et aussi dangereuses.

En conséquence, je requiers contre l'accusé l'application rigoureuse des art. 87, 88, 91, 93, 96, 258, 341, 342 du Code pénal et 238 du Code de justice militaire.

Me Albert Joly dépose des conclusions tendantes à faire déclarer inapplicable à l'accusé l'art. 238 du Code de justice militaire. Il développe ces conclusions dans sa plaidoirie, et s'exprime en ces termes :

Messieurs du conseil, si je n'avais à répondre ici qu'aux faits matériels de l'accusation et à les discuter, ma tâche serait, hélas! bien facile. Je n'aurais, en effet, qu'à me reporter à l'interrogatoire de mon client et à vous dire : Nous avouons tout avec une entière franchise, une entière loyauté; nous considérons comme indigne de nous d'échapper par des subterfuges et des mensonges, à la terrible responsablité qui nous incombe.

Nous déclarons hautement que nous nous sommes trompés, fourvoyés; nous déplorons notre conduite et nous reconnaissons que nous avons commis un crime; mais enfin, nous l'avouons; parce que cela est et qu'il répugne à notre caractère de dissimuler la vérité.

Et s'il vous suffisait alors, pour nous juger, de constater notre identité comme aussi la matérialité des faits, je n'aurais plus qu'à m'asseoir en attendant votre décision souveraine.

Mais n'oubliez pas, messieurs, que le moment de la lutte est passé; que les exécutions sommaires, qui avaient alors pour excuse les nécessités du combat, ne peuvent trouver place aujourd'hui, trois mois après la lutte, et que vous avez été institués *magistrats* pour nous juger suivant la loi, avec toutes ses garanties. Votre mission est maintenant bien distincte de ce qu'elle était alors que vous étiez *Cour martiale*, jugeant et condamnant sommairement. Aujourd'hui, vous n'êtes plus le salut public, vous êtes la *justice*, et vous avez le devoir de rechercher le mobile des hommes qui sont traduits devant vous.

La question qui s'impose à votre conscience n'est donc plus de savoir si tels ou tels faits sont constants, mais bien si tel ou tel homme est coupable de les avoir commis. Et quand vous aurez résolu ce premier point, il vous restera, messieurs, à examiner dans quelle limite la loi vous permet de frapper celui que vous aurez reconnu coupable.

Mais, pour rechercher avec vous le mobile qui a jeté Rossel dans la fournaise insurrectionnelle, j'ai besoin de vous faire connaître ce jeune homme et de retracer à pas rapides son passé, hélas! si court, mais déjà si brillant. C'est en analysant ses sentiments, surtout pendant cette année de confusions et de malheurs, que vous comprendrez comment ce te intelligence supérieure a pu être amenée à prendre subitement une résolution qu'elle a cru conforme aux intérêts de la patrie.

M. Rossel appartient à une famille de ces protestants des Cévennes qui ne furent rendus à la liberté religieuse et politique qu'à l'époque de Louis XVI, et qui avaient puisé dans une persécution séculaire la force de braver toutes les rigueurs des lois, aimant mieux, disaient-ils, obéir à leur conscience que d'obéir aux hommes. Les populations qui ont ainsi subi sans fléchir les dragonnades et les galères, les supplices même, ont gardé un profond souvenir de vénération pour « leurs Pères du Désert, » un souvenir même encore jeune et que le temps n'a pas encore pu altérer, car les vieillards de la génération actuelle ont été élevés par des parents qui avaient assisté à ces prêches clandestins du désert, et qui avaient vu encore des galériens pour cause de religion.

C'est peut être dans ces traditions qu'ils ont puisé des opinions modérées le plus souvent, mais toujours inflexibles, qui les ont constamment fait traiter en ennemis par les partis les plus exagérés : sous la Terreur, pendant que le grand-père de Rossel était aux armées, ses grands-oncles, accusés de modérantisme, ont peine à échapper à la hache révolutionnaire La Terreur blanche de 1815 ne les traite pas pour cela en amis, et sa grand-mère, veuve et chargée de famille, est emprisonnée comme suspecte aux royalistes, et condamnée sous la fausse accusation d'avoir crié : « Vive l'empereur! »

Lors du coup d'État de 1851, ce n'est plus de bonapartisme qu'on les accuse; le chef de la famille, maire de Saint-Jean-du-Gard, magistrat municipal respecté, est destitué et contraint de se cacher, tandis que le père de Rossel, officier dans l'armée, vote à registre ouvert contre l'acte du président.

Enfin, sans y avoir jamais songé, sans l'avoir jamais voulu, l'accusé actuel s'est trouvé entraîné à son tour, par des convictions trop rigoureuses, jusqu'à se mettre en opposition avec le gouvernement de son pays : rien dans sa carnière, rien dans ses études et ses préoccupations habituelles ne pouvait faire prévoir que cet homme soumis aux lois, ce soldat discipliné et fidèle serait amené bientôt devant un conseil de guerre comme ennemi de la chose publique, comme soldat rebelle, comme déserteur à l'ennemi.

Rossel est né le 9 septembre 1844, il a vingt-sept ans aujourd'hui même. Admis à l'âge de onze ans au Prytanée militaire de la Flèche, il y fit toutes ses études avec le succès le plus continu. En 1862, l'année où il se présentait à l'École polytechnique, il obtenait les premiers prix de sciences et de lettres, et le général Trochu, qui était alors inspecteur général du Prytanée, en le couronnant pour la quatrième fois, lui adressait les plus encourageantes félicitations.

Admis cette même année à l'École polytechnique, Rossel s'y maintint dans un rang honorable et en sortit à vingt ans comme sous-lieutenant du génie. A l'Ecole d'application de Metz, chacun des classements successifs améliora son rang de classement, et il sortit le deuxième de sa promotion; il fit son stage de lieutenant du génie dans une compagnie de mineurs du 2e régiment, et fut envoyé au bout de deux ans à l'état-major du génie à Bourges, où le ministère de la guerre se proposait de construire des casernements très-etendus dont les projets lui furent confiés. C'est là qu'il fut nommé capitaine au mois d'août 1869, n'ayant pas encore vingt-cinq ans; cet avancement lui était donné « au titre du choix, » mais, suivant l'usage commun dans l'arme du génie, « à son tour d'ancienneté. »

Pendant son stage au régiment, M. Rossel avait trouvé le temps, quoique le service de lieutenant du génie soit beaucoup plus chargé que le service de lieutenant dans les autres armes, de présenter un mémoire très-étendu sur une question proposée au concours par le comité des fortifications, « La réparation des ponts de chemins de fer, » qui fut appréciée dans les termes les plus honorables par le rapporteur du comité, et récompensée d'une médaille d'or

Cette étude l'avait obligé à approfondir ses connaissances

sur la stratégie et l'approvisionnement des armées, les parties les plus élevées de l'art militaire. C'est ainsi qu'il fut amené à faire de l'art militaire une étude de plus en plus complète, qu'il a toujours continuée depuis. Fréquentant assidûment les bibliothèques des villes où il se trouvait et ces bibliothèques militaires, il ne s'occupait ni d'actualité ni de changements politiques, et ne quittait ses études militaires que pour des études historiques ou littéraires.

Lorsque la guerre éclata, il fit les démarches les plus actives pour être employé dans les armées d'operations. Il n'était pas déterminé en cela par la préoccupation de son avancement à venir et par le désir d'inscrire une campagne sur ses états de service, puisqu'il avait laissé passer plusieurs occasions faciles de faire campagne en Algérie. Quant à son avancement présent, les traditions respectables et très-motivées de l'arme du génie, ne permettaient à un capitaine d'un an de grade aucun espoir de proposition pour l'avancement ou même de décoration. M. Rossel était poussé, dans ses tentatives pour faire campagne, par l'idée de continuer ses études sur la grande guerre, en assistant à des opérations sérieuses, et aussi par le désir de s'arracher à des fonctions sans activité, sans responsabilité et par suite sans attrait pour lui. Voyant toutes ses démarches inutiles, il se détermina à partir comme simple volontaire, et envoya sa démission au colonel directeur des fortifications, M. de Marsilly. Grâce à M. le colonel Tezenas, que vous avez entendu, messieurs, Rossel conserva ses épaulettes et fut envoyé, non pas à l'armée, mais à Metz.

Rossel partit immédiatement, et arriva à Metz le 4 août, le jour même du combat de Wissembourg.

Dès lors, Rossel n'a plus qu'une pensee : travailler avec énergie à la délivrance de son pays. Nous allons voir tous ses actes en rapport avec cette pensée unique, et quelquefois même nous trouverons ce jeune officier en proie à une exaltation patriotique, qui ne fera que s'accroître avec nos désastres.

Après Sedan, lors du blocus de Metz et de l'armée, Rossel

fut préoccupé du sort réservé à la ville. Il comprit, dès le début, que les jours étaient comptés, que c'était par l'action, et par l'action immédiate, qu'on pourrait sauver, sinon la place, du moins l'armée, et il résolut d'employer tout ce qu'il avait d'intelligence et de patriotisme pour que nous n'ayons pas à subir cette seconde honte, renouvelée de Sedan, « une armée de quatre-vingt mille hommes, capitulant sans avoir combattu. »

C'est alors que, le 26 septembre, il fait sur la défense de Metz et la nécessité qu'il y a d'agir sans retard, un mémoire qui fit grand bruit dans la ville et dans l'armée. Malheureusement, on ne tint aucun compte de tous ces avertissements, et, quelque temps après, Rossel apprenait les menées bonapartistes du maréchal Bazaine.

Le colonel Boyer, créé général pour la circonstance, partait pour Versailles *mystérieusement*. Qu'allait-il faire? C'est ce que nous apprendront les débats du Conseil de guerre devant lequel sera traduit le maréchal. Mais quand il revint, le mot de régence fut prononcé; des bruits de toute nature furent répandus dans l'armée; il était évident pour tous que le maréchal était alors plus préoccupé de ses menées politiques que de la défense de la place.

Rossel comprit tout le danger de la situation, et se rendit immédiatement chez le général Clinchant. Vous avez entendu, messieurs, le témoignage de ce brave et respecté militaire; il vous a dit les angoisses de Rossel à la seule idée que la place pouvait capituler. Il venait combiner avec lui les moyens de sauver l'honneur du drapeau, et, comme le général Clinchant était lui-même impuissant, Rossel alla trouver le général Changarnier, et lui proposa de renverser Bazaine et de prendre sans retard le commandement.

Le général répondit qu'il ne voulait pas se rendre coupable d'un coup d'Etat, et qu'il n'agirait qu'autant qu'il serait porteur d'un ordre du gouvernement.

Rossel n'hésita pas. Il revêtit des habits de paysan, et, désertant pour la première fois son drapeau, il franchit les lignes d'investissement; car cet ordre, il voulait l'apporter et sauver la ville. Malheureusement, il est arrêté par les derniers postes prussiens, et, grâce à son habileté, il parvient à rentrer dans Metz après avoir couru les plus grands dangers.

Les jours s'écoulent, et Rossel, la rage dans le cœur, voit s'avancer l'instant de la capitulation.

Enfin, la nouvelle de la capitulation commence à circuler dans la ville Elle prend de la consistance. Le général Clinchant se joint à des officiers supérieurs pour aviser au moyen de percer les lignes ennemies.

Rossel essaye alors de relever le courage des hommes placés sous ses ordres; il supplie le général Clinchant de se mettre à la tête des 40 000 hommes, officiers et soldats, qui ne voudront pas subir la honte de la reddition; son activité devient fébrile; mais, hélas! on reconnaît l'impossibilité de réunir 40 000 hommes. « Partons avec 20 000 », dit Rossel; vains efforts, il faut subir la honte et l'humiliation.

Rossel ne peut s'y résoudre, et, pour la seconde fois, il viole la discipline militaire, revêt des habits de paysan et échappe ainsi à la captivité. Qui donc le blâmerait de cette violation des règlements, toujours inspirée par le patriotisme et la haine qu'il portait aux ennemis de la France! Ainsi, nous voyons Rossel plaçant le sentiment du patriotisme avant le respect de l'autorité. Il obéit, malgré le péril, à cette inspiration de sa conscience. Et si les nombreux officiers qui partageaient ses craintes ont honorablement agi en respectant jusqu'au bout le devoir militaire, qui sait pourtant ce qui serait advenu s'ils avaient pris assez tôt une résolution énergique!

Après avoir traversé la Belgique, Rossel revient en France et se rend auprès de l'homme qui représentait alors, comme il représentera dans l'histoire, la personnification vivante du patriotisme français.

Gambetta l'envoie en mission dans le Nord, puis le nomme colonel de l'armée auxiliaire, avec mission d'organiser le génie au camp de Nevers.

Avec quelle ardeur, avec quel dévouement il se livre jour

et nuit à cette organisation ! Pour lui, la victoire est certaine; tôt ou tard la lutte tournera au profit de la France. Le jour où les Prussiens franchiront la Loire, le jour où la guerre de montagnes remplacera les batailles en pays plat, les Prussiens s'useront eux-mêmes. La lutte à outrance, voilà quelle était son idée fixe; c'est à la réalisation de cette pensée qu'il devait tout sacrifier.

Vous lirez, messieurs, cette correspondance volumineuse qui m'a été adressée par M. Lecat, l'un de ses lieutenants; vous y verrez Rossel préoccupé des moindres détails d'organisation, pensant à la lutte prochaine qu'il devra soutenir, et préparant des hommes qui sachent mourir avec lui.

De politique, pas un mot; et, quant à l'ambition, il était dévoré du désir de sauver son pays.

Les événements se succèdent alors avec rapidité, et bientôt arrive le 28 janvier, c'est-à-dire l'armistice, c'est-à-dire la capitulation de Paris. Rossel va-t-il être découragé? Va-t-il renoncer à ses idées de lutte, à ses rêves de victoire? Ecoutez ce qu'il écrivait au lieutenant Lecat, le 29 janvier :

« Le bruit commence à se confirmer d'un armistice de vingt et un jours, et d'élections pour le 8 février. Ayez votre compagnie en main. Tenez vos hommes sans aucune faiblesse; sont-ils à vous?

« Il ne s'agit pas de faire des baraques ou des fours, mais des soldats, des hommes, des citoyens.

« Si je m'adressais à vous comme officier soumis à vos ordres, je n'aurais pas le droit de vous demander l'impossible. Mais vous êtes venu comme patriote; je vous demanderai l'impossible, et vous le ferez. Tâchez de vous y accoutumer dès aujourd'hui. »

Et dans cette lettre adressée à un de ses parents :

« Je ne pense pas que la guerre se termine. Il est probable que la France aura encore bien des misères avant de chasser l'ennemi Mais si le malheur nous arrivait, j'ai pensé à nos Cévennes pour nous réfugier; puisque les dragons n'ont pas pu les soumettre, elles seront sans doute une barrière contre les Prussiens. Si l'invasion continuait au point de nous faire évacuer le plat pays, nous entrerions dans la montagne, et dès lors je vous écrirais....

« Je vous parle de ces précautions, parce qu'il faut prévoir les malheurs et être prêts à défendre le territoire jusqu'au dernier pouce. »

Enfin, toujours dans ce même mois, il écrivait à un colonel de ses amis la lettre que voici, et dont j'extrais le passage suivant :

« Si nous continuons à être malheureux, il faudra que les jeunes troupes se replient ; j'ai pensé depuis longtemps que nos Cévennes seraient un merveilleux réduit pour se reformer et reconquérir le pays....

« Écrivez-moi, et dites-moi si, dans le cas où, Paris tombé, on voulait imposer l'armistice ou la paix, nous pourrions compter sur votre persévérance et nous appuyer au besoin sur vous pour empêcher quelque lâche détermination. »

A sa grande douleur, l'Assemblée ratifie les préliminaires de paix. C'en est fait de ses rêves de patriotisme !

L'Alsace et la Lorraine sont cédées à la Prusse ; des milliards lui seront payés ; Rossel ne peut en prendre son parti. Il persiste a penser que la lutte à outrance n'est jamais nuisible à un peuple. Cette idée le domine, et à chacun il répète que l'erreur qu'on a commise en faisant la paix est la même qui a perdu Carthage.

Au contraire, la résistance à outrance a souvent des chances heureuses. Qu'on se rappelle la bataille de Cannes ; la conquête de la Hollande par Louis XIV, à la tête de quatre armées les plus puissantes de l'Europe, commandées par Turenne et Condé ; l'envahissement de l'Espagne en 1808. Voilà trois situations, disait Rossel, qui étaient de beaucoup plus désespérées que la nôtre. Cependant, toutes trois ont été heureuses; et ce n'est pas là un effet du hasard, pensait-il, c'est l'effet d'une loi constante dont un des caractères les plus nets est le dépérissement des armées victorieuses.

Car une armée qui fait une guerre active se détruit. Les

recrues qu'elle reçoit maintiennent sa force numérique, mais ne remplacent pas les officiers qu'elle a perdus, sans compter les événements imprévus.

Je n'examine pas, messieurs, si Rossel avait tort ou raison de penser ainsi ; je constate seulement qu'il était possédé de la lutte à outrance et que le moindre événement qui lui donnerait l'espoir d'une revanche immédiate était capable de l'entraîner sans hésitation.

Le 18 mars, le jour même de l'insurrection, il écrivait à sa sœur, et voici, messieurs, une phrase que je dévoile :

« Je tâche de me guérir un peu du traité de paix et de tout cela, mais je n'y réussis pas. »

Le 19, il apprend qu'une insurrection a éclaté et que cette insurrection est maîtresse de la capitale. Le gouvernement a abandonné Paris, et l'armée l'a suivi. Ce n'est donc pas une émeute.

« Voilà, s'écrie Rossel, la rupture du traité de paix, » et, sans hésiter, il écrit au ministre de la guerre la lettre dont M. le commissaire de la République vous a donné connaissance. Dans cette lettre, comme dans tous ses actes antérieurs, c'est l'idée d'une revanche qui dicte sa ligne de conduite. « Il va, dit-il, se ranger du côté de ceux qui ne comptent pas dans leurs rangs des généraux coupables de capitulation, » et dans la nuit même il est à Paris.

Ah ! messieurs, je vous supplie de rechercher le mobile qui a poussé ce jeune homme dans les rangs de l'insurrection. Il ne connaît aucun des hommes du comité, aucun des hommes de la Commune. Ses amis, vous les connaissez, vous les avez entendus. Ce sont de braves et dignes officiers qui sont venus répondre ici de la pureté des intentions de Rossel, et tous vous ont dit que le désir de briser le traité de paix avait seul dicté sa détermination. Jamais il ne s'est occupé de politique active ; républicain sincère, il ne s'est jamais ouvert à personne de ses opinions.

Ce n'est donc pas la politique qui peut expliquer sa conduite. Mais si ce n'est pas la politique, que serait ce donc, sinon ce patriotisme poussé jusqu'à l'exaltation, jusqu'à la folie, si vous voulez? Tout le monde vous le déclare ici, et sa conduite antérieure, ses conversations, ses discussions même, ses lettres, tout vous prouve jusqu'à l'évidence que son patriotisme exalté l'a entraîné malgré lui dans ce mouvement insurrectionnel.

Ne savait-il pas d'ailleurs que toujours une insurrection victorieuse à Paris, devenait dès le lendemain le gouvernement de fait de la France? Est-ce que le mécontentement n'avait pas eu pour cause la capitulation? Est-ce que Paris, aujourd'hui insurgé, n'avait pas envoyé à la Chambre des députés qui devaient voter pour la lutte à outrance? Est-ce que ces députés n'avaient pas, en effet, repoussé le traité de paix? Et, à la suite de ce vote, n'avaient-ils pas donné leur démission?

Rossel, disposé qu'il était à regarder comme certain ce qui flattait ses désirs, n'avait-il pas, dans tous ces précédents, des raisons sérieuses d'espérer que le mouvement du 18 mars avait pour cause l'idée qui l'exaltait lui-même, la rupture du traité de paix et la revanche immédiate?

Tel est, messieurs, le redoutable problème qui s'impose à vos esprits. Ou bien Rossel est fou, ou bien il a agi dans l'espérance de recommencer la lutte, car je défie qu'on indique, et surtout qu'on prouve un autre mobile à sa conduite.

Quant à moi, messieurs, et malgré les sérieuses difficultés qu'on rencontre toujours lorsqu'au lieu de raisonner sur des faits, on raisonne sur des sentiments, je crois que l'analyse à laquelle je viens de me livrer démontre presque à l'évidence que le patriotisme de Rossel est la cause unique de sa conduite étrange.

Vous n'avez pas un témoin, pas un écrit, pas une parole qui permette de prêter à Rossel un mobile d'ambition ou de démagogie, et moi je vous apporte ici les témoignages des hommes les plus justement considérés, des collègues à vous, messieurs. Je vous apporte des lettres, des propos, et j'ai le droit de conclure en disant que le seul mobile que vous puissiez trouver à cet acte coupable, c'est l'exaltation, c'est la folie même dans le patriotisme.

Je termine sur ce point en vous rappelant la déposition de M. Chabert, garde du génie, qui est demeuré à son poste pendant l'insurrection. Il vous a dit, messieurs, que, pendant la Commune, Rossel était allé le trouver et lui avait demandé de lui livrer les documents relatifs aux places de France, occupées par les Prussiens. Et, comme M. Chabert, étonné, lui demandait ce qu'il en voulait faire : « C'est pour les battre, répondit-il, aussitôt que sera finie la lutte avec Versailles. »

Je ne vous parlerai pas, messieurs, du rôle de Rossel pendant la Commune. Nous avons tout avoué. Pourquoi revenir sur ces tristes souvenirs. Etant donnée l'idée qui nous a poussé dans l'insurrection, nous devions lui prêter aveuglément tout notre concours; c'est ce que nous avons fait.

Mais n'oubliez pas, messieurs, que ce n'est pas sur l'existence ou la non existence des faits de l'accusation que vous avez à vous prononcer ici; vous avez à rechercher notre situation d'esprit au début de la guerre, pendant la guerre, après la guerre; vous avez à peser les motifs qui nous ont amené à Paris; le reste importe peu, c'en était la conséquence forcée.

Et maintenant, messieurs, si j'examine avec vous la loi qui peut le frapper, si je vous prouve qu'en admettant même que vous ne puissiez pas accepter le système de défense générale par moi présenté, il y a pour vous impossibilité à condamner Rossel à mort. Ah! je suis convaincu que vous me remercierez et que vous serez heureux de trouver dans le texte même de la loi un auxiliaire aux sentiments de sympathie qu'un accusé comme celui que j'ai l'honneur de défendre ne peut manquer d'inspirer à des hommes de cœur tels que vous.

Eh bien, cet argument de droit que je vous apporte, n'est pas une argutie; c'est une preuve manifeste, éclatante, qui me permet de vous dire : « Vous ne pouvez pas condamner Rossel à mort. »

Sept chefs d'accusation sont visés contre nous. Un seul entraîne la peine de mort, c'est celui de « désertion à l'ennemi. » Je n'en discuterai pas d'autres; cependant, sur la séquestration arbitraire dont nous sommes accusé, je réponds à M. le commissaire du gouvernement que l'ordre de mise en jugement n'a visé contre nous que l'art. 341 du Code pénal, le ministère public veut aggraver notre position en demandant l'application de l'article 342, qui punit des travaux forcés à perpétuité lorsque la séquestration a duré plus d'un mois.

Toutes les personnes condamnées par arrêt de la Cour martiale ont été mises en liberté au bout de dix jours, c'est donc à tort que le ministère public demande la position de cette circonstance aggravante.

J'arrive maintenant à la question de droit la plus grave qui vous soit soumise. J'ai dit que l'art. 238 du Code de justice militaire était le seul des articles visés contre nous qui entraînât la peine de mort; or, je déclare que cet article ne peut être appliqué à Rossel; qu'il prévoit en effet la désertion « à l'ennemi, » mais qu'il ne prévoit pas la désertion aux « rebelles armés. »

D'abord, il n'est pas possible de soutenir que « ennemis » et « rebelles armés » sont synonymes; or, l'art. 238 s'exprime ainsi : « Est puni de la peine de mort, avec dégradation militaire, tout militaire coupable de désertion à l'ennemi. » Comme nous sommes en matière criminelle, il n'est pas possible d'étendre la loi, et c'est l'étendre que d'assimiler à « l'ennemi » les « rebelles armées. »

Pour vous mieux convaincre, voyons si le législateur du Code militaire a eu à s'occuper dans d'autres articles des « rebelles armés, » et si dans ce cas il les a compris sous la dénomination générale d'ennemis.

Le défenseur donne lecture des art. 208, 211, 212, 213, 218 et 219 du Code de justice militaire et fait remarquer que le législateur dit dans ces articles : « Ennemis ou rebelles armés. »

Il en tire la conclusion que si, dans ces six articles, le législateur voulant punir de la même peine les militaires qui se sont rendus coupables d'un crime ou d'un délit, soit en présence de l'ennemi, soit en présence des rebelles armés, il le dit en termes exprès, et le soin qu'il prend de dire « ennemis *ou* rebelles armés » prouve qu'il entend parfaitement distinguer les « rebelles armés » de « l'ennemi. »

Or, comme l'art. 238 prévoit la désertion à l'ennemi, sans que le législateur ait ajouté : « ou aux rebelles armés, » il en résulte qu'évidemment il n'a pas eu l'intention de punir de la même peine la désertion aux rebelles armés.

Mais, dit le ministère public, c'est un oubli du législateur. Nous acceptons cette hypothèse et nous disons au Conseil : Si le législateur a commis une erreur, ce n'est pas à vous qu'il appartient de la rectifier ; vous êtes ici pour appliquer la loi et non pas pour la faire.

Mais ce n'est pas une erreur, car si le législateur avait omis de mettre les mots : « rebelles armés » dans l'art. 238, cette omission ne se serait pas répétée dans l'exposé des motifs et dans le rapport de la commission. J'ajouterai que, dans un article postérieur, le législateur, faisant allusion au crime d'embauchage pour lequel il entend assimilier les rebelles armés à l'ennemi, répète comme il l'a fait pour les articles antérieurs, les mots : « ennemis ou rebelles armés. »

Le défenseur donne lecture de l'art. 242.

Un an après la confection du Code de justice militaire apparut le Code pénal maritime. Or, vous y retrouvez les mots « rebelles armés, » placés à la suite du mot « ennemi, » pour tous les crimes et délits prévus par les articles du Code de justice militaire que je vous ai indiqués tout à l'heure, et quand nous arrivons à l'article qui corrrespond à l'article 238, c'est-à-dire à la désertion à l'ennemi, les mots « rebelles armés » sont encore absents. Ce n'est pas un oubli du législateur.

Ma preuve est dès à présent faite, et je n'aurais rien à ajouter si je ne voulais, puisqu'il s'agit de la peine capitale, une évidence absolue. Je vous dirai donc encore les raisons qui ont déterminé le législateur à biffer dans l'article 238 les mots « rebelles armés. »

Pour terminer sur ce point je pose au ministère public ce dilemme : ou bien le mot « ennemi » signifie « rebelles armés » et alors je lui demande pourquoi le législateur a cru nécessaire d'ajouter ces derniers mots dans les six articles précités, ou bien « ennemi » est distinct de « rebelles armés » et alors l'art. 238.

Il faut distinguer entre un fait qui est immoral en lui-même, mais qui ne porte préjudice qu'à l'agent, et la faute qui peut compromettre le salut d'une armée. Toutes les fois que, soit qu'il s'agisse de l'ennemi, soit qu'il s'agisse de rebelles armés, le salut public exige qu'on mette sur le même pied, au point de vue de la répression, l'ennemi et les rebelles, le législateur n'hésite pas comme dans les articles cités plus haut qui prévoient l'embauchage, l'abandon de poste, etc., tous crimes dont les conséquences peuvent être désastreuses pour un grand nombre ; au contraire, quand la faute commise ne doit porter préjudice qu'à l'auteur, comme dans le cas de désertion, le salut public ne l'exigeant plus, la loi ne croit plus devoir réprimer avec la même vigueur le déserteur qui trahit son pays et l'homme égaré dans une insurrection politique.

Le défenseur rappelle la loi de 1793, qui punit de mort le déserteur à l'ennemi ou aux rebelles armés ; c'est cette loi, dit-il, qui a servi de canevas à la loi de 1857 ; or, si le législateur de 1857 n'a pas reproduit les mots « rebelles armés, » dans l'art. 238, ce ne peut être qu'avec intention, en voici les raisons : La loi de 1793 était une loi de circonstance et, comme toutes les lois de cette espèce, elle avait pour objet de parer aux dangers présents ; or, on sait qu'à cette époque la guerre de Vendée avait éclaté.

Mais depuis, des idées nouvelles ont surgi ; la Constitution de 1848 a proclamé solennellement l'abolition de la peine de mort en matière politique ; or, la Constitution n'est pas, comme un Code civil ou militaire qui ne s'adresse qu'à une classe de citoyens ; c'est une charte, un contrat passé avec tous les citoyens d'un pays, et que tous ont le droit d'invoquer; c'est la Constitution qui proclame le principe d'égalité, et personne n'oserait dire qu'une classe quelconque de citoyens français n'aurait pas le droit de l'invoquer. De même pour l'abolition de la peine de mort! C'est ce qui explique pourquoi le législateur a volontairement biffé, dans la loi de 1857, les mots « rebelles armés » qui se trouvaient dans la loi de 1793; les maintenir, c'eût été rétablir la peine de mort en matière politique.

Le défenseur termine par la lecture d'une lettre collective des officiers qui ont servi sous les ordres de Rossel au camp de Nevers, lesquels déclarent que c'est par un sentiment de patriotisme exalté que Rossel s'est jeté dans la Commune.

Me Albert JOLY lit ensuite une pétition adressée par les notables de Metz, qui demandent grâce pour le jeune officier qui a fait tant d'efforts pour arracher leur ville aux Prussiens, et il termine par ces mots :

« Vous entendrez, messieurs, ce suprême appel qui vous est fait par ceux que votre courage n'a pu sauver, et vous ne repousserez pas la main qui vous est tendue par-dessus cette frontière nouvelle que nos cœurs ne peuvent reconnaître, et vous n'oublierez pas que c'est en voulant la renverser trop tôt que Rossel s'est perdu!

M. LE PRÉSIDENT. — Nous devons prévenir le ministère public et la défense que si la question de désertion à l'ennemi est résolue négativement, nous poserons au Conseil la question de désertion à l'intérieur.

Accusé Rossel, avez-vous quelque chose à ajouter pour votre défense?

ROSSEL, très-ému. — Je veux dire que, malgré mes convictions très-rigides, le sentiment que j'ai éprouvé n'a pas été moins amer et moins cruel en me séparant de cette armée au sein de laquelle j'étais né et j'avais passé tous les jours de ma vie.

Cette séparation, quoique volontaire, a été pour moi un

déchirement profond. Encore aujourd'hui, ce qu'il y a de plus pénible pour moi, c'est de me voir juger par cette armée que j'ai combattue, mais que je n'ai jamais cessé d'aimer et de respecter.

M. le président prononce la clôture des débats, et le Conseil se retire à cinq heures dix minutes dans la salle de ses délibérations.

A cinq heures quarante-cinq minutes, le Conseil rentre en séance et prononce un jugement qui, à l'unanimité, déclare Rossel coupable sur tous les chefs et le condamne à la peine de mort et à la dégradation militaire.

Me Albert Joly dépose des conclusions par lesquelles il demande acte :

1° De ce que le Conseil n'a pas statué sur ses conclusions ;

2° De ce que M. le président, sans en prévenir la défense, a posé la question de circonstances aggravantes résultant de ce que les séquestrations de personnes imputées à l'accusé auraient duré plus d'un mois (art. 243).

Acte est donné au défenseur de ses conclusions.

L'audience est levée à six heures dix minutes.

12931. — TYPOGRAPHIE LAHURE
Rue de Fleurus, 9, à Paris.

www.ingramcontent.com/pod-product-compliance
Ingram Content Group UK Ltd.
Pitfield, Milton Keynes, MK11 3LW, UK
UKHW031839260826
14628UKWH00001B/470

9 782013 342094